◆◆◆ 영어총알정복 시리즈 ◆◆◆

수능 잡아먹는
VOCA

어원편

영어총알정복 시리즈

수능 잡아먹는 **VOCA** |어원편|

초판 1쇄 인쇄 2016년 7월 15일
초판 1쇄 발행 2016년 7월 22일

지은이 신상현
펴낸이 김선식

경영총괄 김은영
사업총괄 최창규
책임편집 유화정 **책임마케터** 이상혁
콘텐츠개발6팀장 박현미 **콘텐츠개발6팀** 유화정, 임지은, 임보윤, 이소연
마케팅본부 이주화, 정명찬, 이상혁, 최혜령, 양정길, 박진아, 김선욱, 이승민, 김은지
경영관리팀 송현주, 권송이, 윤이경, 임해랑, 김재경
외부스태프 **교정교열** 이은영 **표지디자인** 김수미 **본문디자인** 손혜정

펴낸곳 다산북스 **출판등록** 2005년 12월 23일 제313-2005-00277호
주소 경기도 파주시 회동길 37-14 2, 3, 4층
전화 02-702-1724(기획편집) 02-6217-1726(마케팅) 02-704-1724(경영지원)
팩스 02-703-2219 **이메일** dasanbooks@dasanbooks.com
홈페이지 www.dasanbooks.com **블로그** blog.naver.com/dasan_books
종이 한솔피엔에스 **인쇄** 갑우문화사

© 2016, 신상현

ISBN 979-11-306-0891-4 (54740)
　　　　 979-11-306-0878-5 (54740) (SET)

다산북스(DASANBOOKS)는 독자 여러분의 책에 관한 아이디어와 원고 투고를 기쁜 마음으로 기다리고 있습니다.
책 출간을 원하는 아이디어가 있으신 분은 이메일 dasanbooks@dasanbooks.com 또는 다산북스 홈페이지 '투고원고'란으로
간단한 개요와 취지, 연락처 등을 보내주세요. 머뭇거리지 말고 문을 두드리세요.

영어총알정복 시리즈

수능 잡아먹는 VOCA

어원편

신상현 지음

영어 단어는 영어 시험 준비에 있어서 가장 중요한 역할을 합니다. 단어를 모르면 문법 적용이나 독해가 불가능한 것은 기본이고 학교에서 영어 수업을 따라가기도 버거워지기 때문이지요. 따라서 이렇게 중요한 영어 단어를 보다 빠르게 익힐 수만 있다면 수업을 어렵지 않게 따라가게 될 뿐만 아니라 수능 시험에서 당연히 좋은 결과를 얻을 수 있을 것입니다.

고교 내신 영어와 수능 시험에서 필수적으로 암기해야 하는 영단어는 약 4,000~5,000개에 달합니다. 이렇게 많은 단어를 단순 암기를 통해서 외우는 것은 상당히 곤혹스러운 일이고 열심히 단어를 암기하였다고 해도 며칠 못 가서 대부분 잊어버리는 것이 현재 고등학생들의 모습입니다. 현재 시중에는 이러한 어려움을 해결해준다고 주장하는 많은 영단어 교재들이 나와 있습니다. 그러나 이러한 교재들의 공통점은 아무런 체계 없이 단순히 어원을 익혀서 암기하는 것을 강조하거나 아니면 우스갯소리로 짜 맞추어 학생들의 흥미를 돋우고 있다는 것입니다. 이러한 방법들이 처음에는 도움이 될수도 있겠지만 공부를 해나갈수록 많은 단어를 암기해야 하는 학생들의 입장에서는 오히려 머릿속에 혼동을 일으켜 그냥 암기할 때와 별 차이를 못 느끼게 됩니다.

현재 고등학생들은 중학교 3년 동안 혹은 초등학교 때부터 매일 열심히 영어 단어를 익혀왔을 것입니다. 그러나 상위권 학생들 몇몇을 제외하고는 막상 고등학생이 되었을 때 암기하고 있는 단어는 그다지 많지 않습니다. 주위의 여러 고등학교 영어선생님과 얘기를 나눠보아도 교과서 중심인 현재 교육에서 영어 단어는 무조건적인 암기가 최우선이 되고 있는 현실입니다.

《수능 잡아먹는 VOCA》 시리즈는 이런 식의 단순 암기에 지친 학생들이 영어를 포기하는 것이 아니라 오히려 단어 암기에 재미를 느껴 좋은 성적으로 이어지도록 만든 책입니다. 본 교재인 〈어원편〉에서는 '생기초편', '확장편', '종합편' 이렇게 세 가지 섹션으로 나누어 학생들의 실력을 점진적으로 높일 수 있도록 하였는데, '생기초편'에서는 최대한 학생들의 눈높이에 맞춰 가장 기초적인 단어들을 이야기를 통해 정리했고, '확장편'에서는 어느 정도 기초 단어를 익힌 상태에서 좀 더 다양한 파생어와 변화 형태를 이해할 수 있도록 구성하였으며, '종합편'에서는 기초적이고 기본적인 단어의 체계와 변화를 모두 익힌 학생이라면 충분히 학습할 수 있는 내용으로 구성하였기에 학습하면서 재미와 학습 효과를 동시에 느낄 수 있을 것입니다. 본 교재의 후속 교재인 〈Daily 완성편〉에서는 기초적인 단어부터 수능에 출제된 고급 어휘까지 매일 100단어 이상을 스스로 빠르게 익힐 수 있도록 구성하였습니다. 하루 100단어 학습이 부담스럽게 느껴질 수도 있겠지만 〈어원편〉을 충실히 공부했다면 그것을 기반으로 하여 단어가 어떻게 확장되는지를 이미 파악하고 있는 상태이므로 큰 어려움은 없을 것입니다.

영어 공부에서 가장 중요한 것은 얼마나 많은 단어를 잘 알고 있느냐는 것입니다. 따라서 이 책에서 소개한 단어들만 꾸준하고 성실하게 공부한다면 성적이 오르는 것은 물론이고 영어 학습에 재미가 붙어 원하는 점수에 도달하는 기쁨을 맛보게 될 것입니다.

신상현

1 체계적인 어근 학습법 제시

기존의 어근 학습법은 단순하게 어근에서 파생된 단어를 알파벳순으로 익히거나 접두사나 접미사를 기반으로 익히는 것이었습니다. 어근으로 공부하는 것이 가장 효과적이라는 것은 현재 영어 교육 관계자들이 모두 인정하는 바이지만 어근의 "체계와 변화"를 무시한 채 단순히 어근에서 파생된 단어를 암기하는 것은 오히려 막 외우는 단순 암기보다 나은 효과를 거두지 못할 때가 더 많습니다.

대부분의 영어 단어들은 과거 로마에서 사용되었던 라틴어를 기반으로 생겨났습니다. 특히 t로 끝나는 단어나 se, ss로 끝나는 단어들은 라틴어에서 사용되었던 과거분사 형태이고, 이 단어들이 현재까지 남아서 대부분의 현대 영어에서 동사로 사용되고 있습니다. 이러한 t, se, ss로 끝나는 단어들은 -ion을 붙여 명사형을, -ive를 붙여 형용사형을, -or를 붙여 사람 또는 사물 명사를 만듭니다. 실제 단어의 예를 들면 act는 action, active, actor로 확장되는 것이고, select는 selection, selective, selector로 파생되는 것이죠. 이와 같은 단순한 체계만 익혀도 무작정 단어를 암기할 때와는 비교도 할 수 없을 정도로 빠르게 단어를 암기 할 수 있습니다.

이러한 t의 법칙, se[ss] 법칙 등 다양한 법칙을 통하여 단어들을 아주 쉽고 재미있게 익힐 수 있는 한편, 단어의 변화 과정을 파악하는 것도 단어 학습의 한 방법이 될 수 있습니다. 영어 단어에도 역사가 있어 각 단어마다 파생되면서 다양한 변화를 가졌는데, 이러한 변화 역시 체계적으로 순서에 맞게 정리하였기에 학생들 스스로 단어를 만들어 내거나 유추하면서 영단어 학습의 재미를 느끼게 될 것입니다.

2   Word Mapping을 통한 정리와 복습

이 책은 기존 교재들과의 확고한 차별성을 가지고 만들어졌으며, 특히 학생들의 입장을 최대한 배려하여 구성했습니다. 필자는 수년간 수많은 학생들을 가르치고 면담하면서 학생들이 느끼는 단어 암기의 가장 큰 고충은 암기한 단어가 정리되지 않는다는 것임을 알게 되었습니다. 이 책은 그러한 학생들의 고충을 해결하고자 파생된 단어를 한 번에 이해하고 살펴볼 수 있도록 Word Mapping으로 정리를 하였습니다. 마치 지도만 있으면 언제든지 원하는 장소가 어디에 있는지 한눈에 알 수 있는 것처럼 Word Mapping을 활용하면 어근에서 어떻게 개별 단어로 확장되는지 전체적인 흐름을 한눈에 파악할 수 있습니다. 체계적인 어근 학습법을 통해 어휘를 익힌 학생들은 이 Mapping을 통해서 다시 한 번 단어를 정리할 수 있고, 또 반복적인 복습으로 완벽하게 단어를 자신의 것으로 만들게 될 것입니다. 이러한 Mapping 학습 방법은 현재 영어권에서 가장 뛰어난 학습 방법 중 하나로 꼽히고 있습니다.

3   100% 수능 시험과 교과서에 나왔던 단어들로만 구성

1년이 넘는 시간 동안 필자와 조교들은 총 30권의 교과서 및 그 동안 출제되었던 수능, 모의평가의 단어들을 일일이 정리하여 그 중 가장 필수적이고 공통적인, 꼭 필요한 단어들을 선별하여 이 책에 실었습니다. 각 단어의 뜻도 기존 국내 사전에 실린 뜻보다는 내신 성적과 수능 시험을 위해 교과서나 수능 시험에서 사용되는 뜻을 고려하여 실었습니다. 간혹 교과서마다 뜻이 조금씩 다른 단어들은 공통적으로 가장 많이 사용되는 뜻을 사용하였습니다.

Section 1
생기초편

영단어에서 사용되는 **간단한 법칙**을 먼저 익힌 후 교과서에서 나오는 가장 기본이 되는 단어들을 한 번에 공부합니다. 단어를 확장하고 그려내는 **Word Mapping**으로 단어를 완벽히 습득할 수 있습니다.

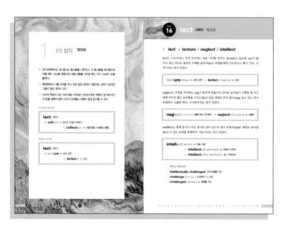

Section 2
확장편

다양하게 **변형된 단어**들을 학습하고, 각 단어에서 **확장되어 파생된 단어**들을 한 번에 공부합니다. 또한 〈생기초편〉에서 이미 학습한 단어를 반복하여 익히면서, 새로운 법칙과 추가 영단어를 쉽고 빠르게 암기할 수 있습니다.

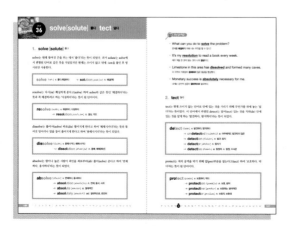

Section 3
종합편

〈생기초편〉과 〈확장편〉에서 배운 법칙들과 변형이 모두 적용되는, **하나의 어근에서 파생된 단어**들을 통째로 익힐 수 있습니다.

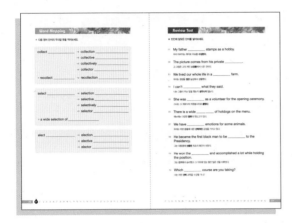

Word Mapping
&
Review Test

그날 **학습한 어휘를 최종 점검**해볼 수 있도록 각 유닛 마지막에 Word Mapping과 Review Test를 수록하였습니다. 앞에서 학습한 표제어와 파생어(Word Map)와 수능 잡는 예문을 참고하여 빈칸을 채워 넣어 보세요.

Index

이 책에 있는 단어를 한데 모아 **알파벳순으로 정리**했습니다. 각 단어별 해당 페이지를 명시하여 그 의미와 쓰임을 찾아보기 쉽도록 만들었습니다.

CONTENTS

〈수능 잡아먹는 VOCA – 어원편〉학습 계획표

★ 참고용으로 제시된 다음 학습 계획표를 보고 자신에게 맞는 단어 학습을 시작해보세요.
학습한 단어들을 잘 암기했는지 그날그날 직접 테스트해보세요.

● 60일 완성 과정

DAY	DAY 01	DAY 02	DAY 03	DAY 04	DAY 05
학습일	월 일	월 일	월 일	월 일	월 일
학습할 부분	Unit 01	Unit 02	Unit 03	Unit 04	Unit 05

DAY	DAY 06	DAY 07	DAY 08	DAY 09	DAY 10
학습일	월 일	월 일	월 일	월 일	월 일
학습할 부분	Unit 06	Unit 07	Unit 08	Unit 09	Unit 10

DAY	DAY 11	DAY 12	DAY 13	DAY 14	DAY 15
학습일	월 일	월 일	월 일	월 일	월 일
학습할 부분	Unit 11	Unit 12	Unit 13	Unit 14	Unit 15

DAY	DAY 16	DAY 17	DAY 18	DAY 19	DAY 20
학습일	월 일	월 일	월 일	월 일	월 일
학습할 부분	Unit 16	Unit 17	Unit 18	Unit 19	Unit 20

DAY	DAY 21	DAY 22	DAY 23	DAY 24	DAY 25
학습일	월 일	월 일	월 일	월 일	월 일
학습할 부분	Unit 21	Unit 22	Unit 23	Unit 24	Unit 25

DAY	DAY 26	DAY 27	DAY 28	DAY 29	DAY 30
학습일	월 일	월 일	월 일	월 일	월 일
학습할 부분	Unit 26	Unit 27	Unit 27	Unit 29	Unit 30

DAY	DAY 31	DAY 32	DAY 33	DAY 34	DAY 35
학습일	월 일	월 일	월 일	월 일	월 일
학습할 부분	Unit 31	Unit 32	Unit 33	Unit 34	Unit 35

DAY	DAY 36	DAY 37	DAY 38	DAY 39	DAY 40
학습일	월 일	월 일	월 일	월 일	월 일
학습할 부분	Unit 36	Unit 37	Unit 38	Unit 39	Unit 40

DAY	DAY 41	DAY 42	DAY 43	DAY 44	DAY 45
학습일	월 일	월 일	월 일	월 일	월 일
학습할 부분	Unit 41	Unit 42	Unit 43	Unit 44	Unit 45

DAY	DAY 46	DAY 47	DAY 48	DAY 49	DAY 50
학습일	월 일	월 일	월 일	월 일	월 일
학습할 부분	Unit 46	Unit 47	Unit 48	Unit 49	Unit 50

DAY	DAY 51	DAY 52	DAY 53	DAY 54	DAY 55
학습일	월 일	월 일	월 일	월 일	월 일
학습할 부분	Unit 51	Unit 52	Unit 53	Unit 54	Unit 55

DAY	DAY 56	DAY 57	DAY 58	DAY 59	DAY 60
학습일	월 일	월 일	월 일	월 일	월 일
학습할 부분	Unit 56	Unit 57	Unit 58	Unit 59	Unit 60

● 30일 완성 과정

DAY	DAY 01	DAY 02	DAY 03	DAY 04	DAY 05
학습일	월 일	월 일	월 일	월 일	월 일
학습할 부분	Unit 01/02	Unit 03/04	Unit 05/06	Unit 07/08	Unit 09/10

DAY	DAY 06	DAY 07	DAY 08	DAY 09	DAY 10
학습일	월 일	월 일	월 일	월 일	월 일
학습할 부분	Unit 11/12	Unit 13/14	Unit 15/16	Unit 17/18	Unit 19/20

DAY	DAY 11	DAY 12	DAY 13	DAY 14	DAY 15
학습일	월 일	월 일	월 일	월 일	월 일
학습할 부분	Unit 21/22	Unit 23/24	Unit 25/26	Unit 27/28	Unit 29/30

DAY	DAY 16	DAY 17	DAY 18	DAY 19	DAY 20
학습일	월 일	월 일	월 일	월 일	월 일
학습할 부분	Unit 31/32	Unit 33/34	Unit 35/36	Unit 37/38	Unit 39/40

DAY	DAY 21	DAY 22	DAY 23	DAY 24	DAY 25
학습일	월 일	월 일	월 일	월 일	월 일
학습할 부분	Unit 41/42	Unit 43/44	Unit 45/46	Unit 47/48	Unit 49/50

DAY	DAY 26	DAY 27	DAY 28	DAY 29	DAY 30
학습일	월 일	월 일	월 일	월 일	월 일
학습할 부분	Unit 51/52	Unit 53/54	Unit 55/56	Unit 57/58	Unit 59/60

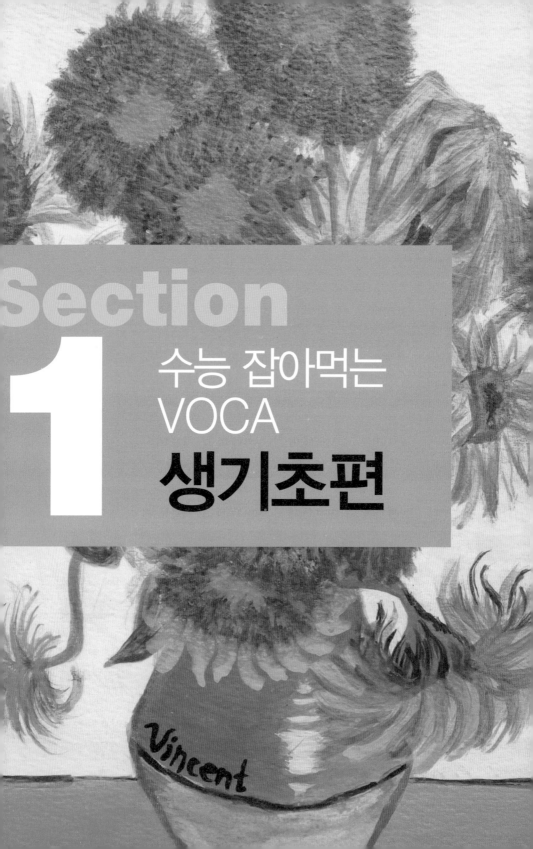

Section

1

수능 잡아먹는
VOCA
생기초편

우리말로 '가다', '하다', '주다'는 동사로 사용된다. 이 단어들이 동사이기 때문에 '감', '함', '줌'이라는 명사가 나오게 되었고 '가는', '하는', '주는'이라는 단어가 형용사로 쓰이게 된 것이다.

가다(동사) → 감(명사), 가는(형용사), 가므로(부사)

하다(동사) → 함(명사), 하는(형용사), 하므로(부사)

주다(동사) → 줌(명사), 주는(형용사), 주므로(부사)

우리말을 익힐 때 한 단어의 변화 과정, 이를 테면 동사의 변화 과정을 알면 나머지 단어(명사, 형용사, 부사)들을 한 번에 익히는 것은 그리 어려운 일이 아니다. 이처럼 영어에서도 단어가 만들어지는 간단한 법칙이 있다. 이 법칙을 알면 나머지 단어들도 어려움 없이 한 번에 익힐 수 있고, 좀 더 확장된 단어 또한 스스로 파생시켜 볼 수도 있다.

생기초편에서는 영어 단어에서 사용되는 간단한 법칙을 먼저 익힌 후 고등학교 1,2학년 교과서에서 사용되는 가장 기본이 되는 단어들을 한 번에 공부하게 될 것이다. 그 후 단어를 확장하고 그려내는 word mapping을 통해서 완벽히 자신의 것으로 만들 수 있다.

생기초편에서 배우게 될 법칙

1 t의 법칙

2 se[ss]의 법칙

1 t의 법칙 생기초편

❶ 과거에 t는 단어의 맨 뒤에 붙어 동사 형태를 만들었다. 지금도 -t로 끝나는 많은 단어(act, collect, direct)가 동사로 사용되고 있다.

❷ 이렇게 t로 끝나는 단어 뒤에 -ion이 오면 명사형이 되고, -ive가 오면 형용사형이 되었다.

❸ 형용사로 쓰이는 단어에 -ly를 붙이면 부사가 되었다. (ive + ly = ively)

❹ 사람이나 사물을 가리키는 명사형에는 -or를 붙여서 사용했다.

위의 법칙은 지금도 많은 단어에 남아 있다.

단어를 통한 예〉

---

act *v.* 행동하다, 연기하다

→ **act**ion *n.* 행위

→ **act**ive *a.* 활동적인

→ **act**ively *ad.* 활력 있게

→ **act**or *n.* (사람) 남자 배우

앞으로 나올 단어들도 이러한 법칙을 통해서 모두 파생되어 나오니 확실히 기억해두자!

lect 고르다 〔생기초편〕

1. lect → collect

과거에 동사로 사용했던 lect는 여러 개 중 가려서 뽑는 '고르다'라는 뜻이었다. 현재는 쓰이지 않지만 이 단어에서 많은 영어 단어들이 파생되었다.

collect는 자신이 좋아하는 것을 함께(col) 고른다고(lect) 해서 '모으다, 수집하다'라는 뜻이 되었다.

---

collect [kəlékt] *v.* 모으다, 수집하다

→ **collect**ion [kəlékʃən] *n.* 모음, 수집품[소장품]

→ **collect**ive [kəléktiv] *a.* 집단의, 집약적인

→ **collect**ively [kəléktivli] *ad.* 집단적으로

→ **collect**or [kəléktər] *n.* 수집가

More Words

recollect [rèkəlékt] *v.* 회상하다, 생각해내다 → **recollection** [rèkəlékʃən] *n.* 회상

recollect는 자신이 모은(collect) 것을 다시(re) 보며 과거를 생각한다고 하여 '회상하다, 생각해내다'라는 뜻이 되었고, 여기에 -ion을 붙이면 명사 recollection(회상)이 된다.

수능 잡는 예문

- My father **collects** stamps as a hobby

  우리 아버지는 취미로 우표를 **수집한다**.

- The picture comes from his private **collection**.

  그 그림은 그의 개인 **소장품**에서 나온 것이다.

- We lived our whole life in a **collective** farm.

  우리는 평생을 **집단** 농장에서 생활했다.

- I can't **recollect** what they said.

  나는 그들이 무슨 말을 했는지 **생각나지** 않는다.

2. lect → select

select는 여러 개중 자신이 필요로 한 것을 따로(se) 고른다고(lect) 해서 '선택[선정]하다'라는 뜻이 되었다.

select [silékt] *v.* 선택[선정]하다
→ **selection** [silékʃən] *n.* 선택[선정]
→ **selective** [siléktiv] *a.* 선택적인
→ **selectively** [siléktivli] *ad.* 선택적으로
→ **selector** [siléktər] *n.* 선택자, 선택 장치

More Words

a wide selection of 다양한 (종류의)

수능 잡는 예문

- She was **selected** as a volunteer for the opening ceremony.
  그녀는 그 개회식의 자원봉사자로 **뽑혔다**.

- There is **a wide selection of** hot dogs on the menu.
  메뉴에는 **다양한 종류의** 핫도그가 있다.

- We have **selective** emotions for some animals.
  우리는 어떤 동물에 대한 **선택적인** 감정을 가지고 있다.

3. lect → elect

elect는 밖(e)에 있는 사람들 중에 필요한 사람을 고른다고(lect) 하여 '선거하다, 선출하다'라는 뜻이 되었다.

---

elect [ilékt] *v.* 선거[선출]하다

→ **election** [ilékʃən] *n.* 선거

→ **elective** [iléktiv] *a.* 선거[선택]의

→ **elector** [iléktər] *n.* 선거인

 수능 잡는 예문

- He became the first black man to be **elected** to the Presidency.

  그는 대통령에 **선출된** 최초의 흑인이 되었다.

- He won the **election** and accomplished a lot while holding the position.

  그는 **선거**에서 승리했고 그 지위에 있는 동안 많은 것을 이루었다.

- Which **elective** course are you taking?

  너는 어떤 **선택** 과목을 수강할 거니?

● 앞에서 학습한 워드맵을 참고하여 다음 영어 단어의 우리말 뜻을 적어보세요.

collect _____ → collection _____

→ collective _____

→ collectively _____

→ collector _____

★ recollect _____ → recollection _____

select _____ → selection _____

→ selective _____

→ selectively _____

→ selector _____

★ a wide selection of _____

elect _____ → election _____

→ elective _____

→ elector _____

● 빈칸에 알맞은 단어를 넣어보세요.

01 My father _____ stamps as a hobby.
우리 아버지는 취미로 우표를 **수집한다.**

02 The picture comes from his private _____.
그 그림은 그의 개인 **소장품**에서 나온 것이다.

03 We lived our whole life in a _____ farm.
우리는 평생을 **집단** 농장에서 생활했다.

04 I can't _____ what they said.
나는 그들이 무슨 말을 했는지 **생각나지** 않는다.

05 She was _____ as a volunteer for the opening ceremony.
그녀는 그 개회식의 자원봉사자로 **뽑혔다.**

06 There is a wide _____ of hotdogs on the menu.
메뉴에는 다양한 **종류**의 핫도그가 있다.

07 We have _____ emotions for some animals.
우리는 어떤 동물에 대한 **선택적인** 감정을 가지고 있다.

08 He became the first black man to be _____ to the Presidency.
그는 대통령에 **선출된** 최초의 흑인이 되었다.

09 He won the _____ and accomplished a lot while holding the position.
그는 **선거**에서 승리했고 그 지위에 있는 동안 많은 것을 이루었다.

10 Which _____ course are you taking?
너는 어떤 **선택** 과목을 수강할 거니?

● 정답 p. 366

rect 똑바로 세우다 생기초편

1. rect → direct

역시 t로 끝나는 동사인 rect는 라틴어에서 나왔으며 '똑바로 세우다'라는 뜻으로 쓰였다. 앞에서 배운 lect와 모양이 비슷해 헷갈릴 수 있으니 조심하자!

direct는 사람이 가는 길을 똑바로 세워(rect) 바르게(di) 인도한다고 하여 '향하게 하다'라는 뜻이 있고, 사람이나 작품 등을 똑바로 이끌어 간다고 하여 '지시하다, 감독하다'라는 뜻도 가지세 되었다.

---

direct [dirékt, dai-] *v.* 향하게 하다, 지시하다, 감독하다

→ **direct**ion [dirékʃən, dai-] *n.* 방향, (*pl.*) 지시사항, 사용법

→ **direct**or [diréktər, dai-] *n.* (영화의) 감독, 임원

More Words

directed by ~가 감독한

a sense of direction 방향 감각, 목표 의식

🔵 수능 잡는 예문

- Many of these projects are **directed** toward income generation.

  이러한 프로젝트의 대부분은 소득 발생으로 **향해지게** 된다.

- Yesterday, I saw a movie **directed by** Michael Bay.

  어제 나는 마이클 베이**가 감독한** 영화를 봤다.

- We checked the **direction** of the wind.

  우리는 바람의 **방향**을 확인했다.

- It is her dream to become a movie **director**.

  영화**감독**이 되는 것은 그녀의 꿈이다.

2. rect → correct / erect

correct는 잘못된 부분을 함께(cor) 똑바로 세운다고(rect) 하여 '정정[수정]하다'라는 뜻이 되었다.

correct [kərékt] *v.* 정정[수정]하다
→ **correction** [kərékʃən] *n.* 정정[수정]
→ **corrective** [kəréktiv] *a.* 수정[교정]의
→ **corrector** [kəréktər] *n.* 교정자

또 erect는 밖(e)에 건물이나 동상 등을 똑바로 세운다고(rect) 하여 '건립하다'라는 뜻이 되었다.

erect [irékt] *v.* 건립하다 → **erection** [irékʃən] *n.* 건립

More Words

correction tape/pen 수정 테이프/펜
corrective surgery/glasses 교정 수술/안경

수능 잡는 예문

• **Correct** the errors and rewrite the sentences.
틀린 점을 **수정하고** 문장을 고쳐 쓰시오.

• Don't forget to bring a pen and **correction tape**.
펜과 **수정 테이프** 가져오는 것을 잊지 마세요.

• The city decided to **erect** a statue in 1900.
그 도시는 1900년에 조각상을 **건립하기**로 결정했다.

● 앞에서 학습한 워드맵을 참고하여 다음 영어 단어의 우리말 뜻을 적어보세요.

direct _____ → direction _____

→ director _____

★ directed by _____

a sense of direction _____

correct _____ → correction _____

→ corrective _____

→ corrector _____

★ correction tape/pen _____

corrective surgery/glasses _____

erect _____ → erection _____

● 빈칸에 알맞은 단어를 넣어보세요.

01 Many of these projects are _____ toward income generation.

이러한 프로젝트의 대부분은 소득 발생으로 **향해지게** 된다.

02 Yesterday, I saw a movie _____ by Michael Bay.

어제 나는 마이클 베이가 **감독한** 영화를 봤다.

03 We checked the _____ of the wind.

우리는 바람의 **방향**을 확인했다.

04 It is her dream to become a movie _____.

영화**감독**이 되는 것은 그녀의 꿈이다.

05 _____ the errors and rewrite the sentences.

틀린 점을 **수정하고** 문장을 고쳐 쓰시오.

06 Don't forget to bring a pen and _____ tape.

펜과 **수정** 테이프 가져오는 것을 잊지 마세요.

07 The city decided to _____ a statue in 1900.

그 도시는 1900년에 조각상을 **건립하기로** 결정했다.

● 정답 p. 366

act 행동하다 생기초편

1. act

act도 t로 끝나는 단어로 '행동하다'라는 뜻으로 사용된다.

act [ækt] *v.* 행동하다, 연기하다
→ **act**ion [ækʃən] *n.* 동작[실행], 조치
→ **act**ive [æktiv] *a.* 활동적인, 적극적인
→ **act**ively [æktivli] *ad.* 활력 있게, 적극적으로
→ **act**or [æktər] *n.* 남자 배우
→ **act**ress [æktris] *n.* 여자 배우

More Words

in action 실행 중인
put into action 실행에 옮기다
take action 조치를 취하다
the lead actress/actor 여주인공/남주인공

수능 잡는 예문

- He has been **acting** very strangely lately.
  그는 최근 상당히 이상하게 **행동하고** 있다.

- Let's **take action** to protect our environment!
  우리의 환경을 보호하기 위한 **조치를 취해요**!

- He is not very **active** these days.
  그는 요즘 그다지 **활동적이지** 않다.

- She was **the lead actress** in the play.
  그녀는 그 연극에서 **여주인공**이었다.

2. act → interact / react / transact

이번에는 act 앞에 특별한 의미를 가지는 접두어가 붙어서 새롭게 만들어진 단어들을 살펴보도록 하자.

interact는 한쪽에서 행동(act)을 하면 다른 쪽에서도 행동을 하는 것, 즉 서로 (inter) 행동한다는 의미에서 '소통하다, 상호작용하다'라는 뜻이다.

interact [ìntərǽkt] *v.* 소통하다, 상호작용하다(with)
→ **interaction** [ìntərǽkʃən] *n.* 상호작용

react는 어떠한 것의 영향으로 다시(re) 행동(act)한다고 하여 '반응하다'라는 뜻으로 쓰인다.

react [riǽkt] *v.* 반응하다 → **reaction** [riǽkʃən] *n.* 반응, 반작용

또 transact는 물건을 팔기 위한 행동(act)을 한 후 그 물건이 판매된 쪽으로 건너간 다는(trans) 의미에서 '거래하다'라는 뜻이 되었다.

transact [trænsǽkt] *v.* 거래하다 → **transaction** [trænsǽkʃən] *n.* 거래

 수능 잡는 예문

- It is very important to **interact with** many different types of people.
  다양한 종류의 사람들**과 소통하는** 것은 매우 중요하다.

- Interestingly, they **reacted** differently.
  흥미롭게도 그들은 다르게 **반응했다.**

- They are not planning to **transact** any business without her.
  그들은 그녀 없이는 어떤 사업상의 **거래**도 계획하지 않을 것이다.

● 앞에서 학습한 워드맵을 참고하여 다음 영어 단어의 우리말 뜻을 적어보세요.

act _____ → action _____

→ active _____

→ actively _____

→ actor _____

→ actress _____

★ in action _____

put into action _____

take action _____

the lead actress/actor _____

interact _____ → interaction _____

react _____ → reaction _____

transact _____ → transaction _____

Review Test

● 빈칸에 알맞은 단어를 넣어보세요.

01 He has been _____ very strangely lately.

그는 최근 상당히 이상하게 **행동하고** 있다.

02 Let's take _____ to protect our environment!

우리의 환경을 보호하기 위한 **조치**를 취해요!

03 He is not very _____ these days.

그는 요즘 그다지 **활동적이지** 않다.

04 She was the lead _____ in the play.

그녀는 그 연극에서 주연 **여배우**였다.

05 It is very important to _____ with many different types of people.

다양한 종류의 사람들과 **소통하는** 것은 매우 중요하다.

06 Interestingly, they _____ differently.

흥미롭게도 그들은 다르게 **반응했다**.

07 They are not planning to _____ any business without her.

그들은 그녀 없이 어떤 사업상의 **거래**도 계획하지 않을 것이다.

● 정답 p. 366

Unit 04 tract 끌다 생기초편

1. tract → attract

tract는 현대영어에서 사용되지 않는 단어로 '끌다'라는 뜻으로 쓰였던 단어다. 이 단어에서 나온 attract는 사람이나 사물을 원하는 쪽으로(at) 끌고(tract) 간다고 하여 '끌어당기다'라는 뜻이 되었고, 특히 사람들의 마음 또한 끌고 간다는 의미에서 '매료시키다'라는 뜻도 가지게 되었다.

attract [ətrǽkt] *v.* 끌어당기다, 매료시키다
→ **attract**ive [ətrǽktɪv] *a.* 매력적인
→ **un**attract**ive** [ʌ̀nətrǽktɪv] *a.* 매력 없는
→ **attract**ion [ətrǽkʃən] *n.* 매력, 명소

More Words

attract attention 이목[관심]을 끌다
be attracted to ~에 매료되다
tourist attraction 관광 명소

수능 잡는 예문

• The subject that **attracted** my **attention** was English.
내 **관심을 끌었던** 과목은 영어였다.

• They **were attracted to** her inner beauty.
그들은 그녀 내면의 아름다움**에 매료되었다**.

• The Grand Canyon is one of the most popular **tourist attractions**.
그랜드캐니언은 가장 인기 있는 **관광 명소들** 중 하나이다.

2. tract → distract / subtract

distract는 특히 정신이나 주의를 집중하지 못하게 딴 곳으로(dis) 끌고(tract) 간다고 해서 '산만하게 하다'라는 뜻으로 사용하게 된 단어이다.

distract [distrǽkt] *v.* 산만하게 하다

→ **distraction** [distrǽkʃən] *n.* 주의산만, 방해

subtract는 어떠한 양에서 일부를 아래로(sub) 끌어(tract) 당긴다고 하여 '빼다'라는 뜻이 되었다.

subtract [səbtrǽkt] *v.* 빼다 → **subtraction** [səbtrǽkʃən] *n.* 뺄셈

More Words

be distracted 산만해지다

add [æd] *v.* 더하다, 덧붙이다

addition [ədíʃən] *n.* 덧셈, 추가(물)

in addition 게다가, 더불어

additional [ədíʃənl] *a.* 추가의

 수능 잡는 예문

- You **were distracted** by your smartphone.
  너는 스마트폰에 의해 **산만해졌다**.

- I think smartphones are a constant **distraction** in our lives.
  내 생각에 스마트폰은 우리의 삶을 끊임없이 **방해**하는 것 같다.

- They are learning how to **add** and **subtract** at school.
  그들은 어떻게 **더하고 빼는지**를 학교에서 배운다.

● 앞에서 학습한 워드맵을 참고하여 다음 영어 단어의 우리말 뜻을 적어보세요.

attract _____ → attractive _____

→ unattractive _____

→ attraction _____

★ attract attention _____

be attracted to _____

tourist attraction _____

distract _____ → distraction _____

★ be distracted _____

subtract _____ → subtraction _____

★ add _____

addition _____

in addition _____

additional _____

● 빈칸에 알맞은 단어를 넣어보세요.

01 The subject that _____ my _____ was English.
내 **관심**을 **끌었던** 과목은 영어였다.

02 They _____ _____ to her inner beauty.
그들은 그녀 내면의 아름다움에 **매료되었다**.

03 The Grand Canyon is one of the most popular _____
_____.
그랜드캐니언은 가장 인기 있는 **관광 명소들** 중 하나이다.

04 You _____ _____ by your smartphone.
너는 스마트폰에 의해 **산만해졌다**.

05 I think smartphones are a constant _____ in our lives.
내 생각에 스마트폰은 우리의 삶을 끊임없이 **방해**하는 것 같다.

06 They are learning how to _____ and _____ at
school.
그들은 어떻게 **더하고 빼는지**를 학교에서 배운다.

● 정답 p. 366

ject 던지다 생기초편

1. ject → inject / eject

ject는 '던지다'라는 뜻을 지닌 단어였다. ject가 변형되어 만들어진 단어로 대표적인 것이 '던져서 하늘을 날도록 만든' 것 같은 jet(제트기)이다.

inject는 안(in)에 던져(ject) 넣는다고 하여 '주입[주사]하다'라는 뜻이 되었다.

---

inject [indʒékt] *v.* 주입[주사]하다
> → **injection** [indʒékʃən] *n.* 주입[주사]
> → **injector** [indʒéktər] *n.* 주입기

---

eject는 안에 있던 것을 밖(e)으로 던져낸다고(ject) 하여 '내쫓다, 내뿜다'라는 뜻이 되었다.

---

eject [idʒékt] *v.* 내쫓다, 내뿜다 → **ejection** [idʒékʃən] *n.* 방출, 분출

More Words

jet [dʒet] *n.* 제트기

syringe [səríndʒ] *n.* 주사기 (syringe는 "몸이 어찌나 **시린지** 병원에 가서 주사를 맞아야겠다" 는 말을 떠올리면 쉽게 의미를 익힐 수 있다.)

수능 잡는 예문

- Insulin was **injected** into the muscle.
  인슐린이 근육 속에 **주사되었다**.

- The nurse gave him an **injection**.
  간호사가 그에게 **주사**를 놓았다.

- He was **ejected** from the game.
  그는 경기에서 **퇴장당했다**.

2. ject → reject / project

reject는 자신에게 온 것을 뒤(re)로 던져(ject) 버린다고 하여 '거절[거부]하다'라는 뜻이 되었다.

---

reject [ridʒékt] *v.* 거절[거부]하다 → **rejection** [ridʒékʃən] *n.* 거절[거부]

---

project는 원래 '앞(pro)으로 던지다(ject)'라는 뜻을 기반으로 생겨난 단어이다. 이러한 의미가 확장되어 빛 등이 앞으로 던져지는 것을 묘사하는 '투영하다'라는 뜻과, 앞으로 일어날 수 있는 일을 던진다고 하여 '예상하다'라는 뜻이 되었다. 또 project는 앞으로 할 일에 대한 의견을 던진다고 하여 '계획하다'라는 뜻도 생기게 되었는데, 이 때문에 project가 나중에 명사로도 사용되었을 때 '계획'이나 '과제'라는 뜻을 지니게 되었다.

---

project [prədʒékt] *v.* 투영하다, 예상하다, 계획하다 [prɑ́dʒekt] *n.* 계획, 과제, 사업

   → **projection** [prədʒékʃən] *n.* 투영, 예상

   → **projector** [prədʒéktər] *n.* 영사기

More Words

be projected to ~할 것으로 예상되다

수능 잡는 예문

- He **rejected** the award three times.
  그는 세 번이나 그 상을 **거부했다**.

- How's it going with your group **project**?
  너희들 그룹 **과제**는 어떻게 되어 가니?

- The population **is projected to** decrease.
  인구가 감소**할 것으로 예상된다**.

● 앞에서 학습한 워드맵을 참고하여 다음 영어 단어의 우리말 뜻을 적어보세요.

inject _____ → injection _____

→ injector _____

★ jet _____

syringe _____

eject _____ → ejection _____

reject _____ → rejection _____

project _____ → projection _____

→ projector _____

★ be projected to _____

Review Test

● 빈칸에 알맞은 단어를 넣어보세요.

01 Insulin was _____ into the muscle.

인슐린이 근육 속에 **주사되었다**.

02 The nurse gave him an _____.

간호사가 그에게 **주사**를 놓았다.

03 He was _____ from the game.

그는 경기에서 **퇴장당했다**.

04 He _____ the award three times.

그는 세 번이나 그 상을 **거부했다**.

05 How's it going with your group _____?

너희들 그룹 **과제**는 어떻게 되어 가니?

06 The population is _____ to decrease.

인구가 감소할 것으로 **예상된다**.

● 정답 p. 366

Unit 06 dict 말하다 [생기초편]

1. dict → diction / dictate

dic은 과거 왕이나 지배자처럼 높은 사람이 아랫사람들에게 말하는 것을 의미하던 단어였고, 여기에 -t가 붙어 동사 dict가 되었다.

dict에서 파생된 diction은 '말씨'나 '어투'라는 의미로 쓰이게 되었고, 이러한 말씨를 쓰임에 따라 하나로 묶어놓은 것을 dictionary(사전)라고 부르게 된 것이다.

> **diction** [díkʃən] *n.* 말씨, 어투 → **dictionary** [díkʃənèri] *n.* 사전

dictate는 왕이 말하는 것을 받아 적는다고 하여 '받아쓰게 하다, 구술하다'라는 뜻이 되었고, 이 단어에서 확장된 dictator는 마음대로 말하는 '독재자'를 의미한다. dict 에 붙은 -ate에 대해서는 확장편에서 좀 더 자세히 다루도록 하겠다.

> **dictate** [díkteit] *v.* 받아쓰게 하다, 구술하다
> → **dictation** [diktéiʃən] *n.* 받아쓰기, 구술
> → **dictator** [díkteitər] *n.* 독재자
> → **dictatorship** [diktéitərʃip] *n.* 독재 (정권)

More Words

military dictatorship 군사 독재

 수능 잡는 예문

- She is not satisfied with her electronic **dictionary**.
  그녀는 자신의 전자 **사전**에 만족하지 못한다.

- **Dictation** is another way to improve your listening and writing.
  받아쓰기는 당신의 듣기와 쓰기를 향상시킬 수 있는 또 하나의 방법이다.

- The **dictatorship** has lasted for 20 years.
독재 정권이 20년째 지속되고 있다.

2. dict → addict / predict / contradict

addict는 과거 절대적인 왕의 명령(dict)에 무조건 따르는(ad) 것을 의미하던 것에서 유래하여 현재는 '중독되게 만들다'라는 뜻이 되었다. 또한 addict는 명사로 '중독된 사람'을 지칭하는데 이때 발음과 강세가 달라짐에 주의하자.

addict [ədíkt] *v.* 중독되게 만들다 [ǽdikt] *n.* 중독자
→ **addict**ion [ədíkʃən] *n.* 중독
→ **addict**ive [ədíktiv] *a.* 중독성의

predict는 앞으로 일어날 일에 대하여 미리(pre) 말한다고(dict) 하여 '예측하다'라는 뜻이 되었다.

predict [pridíkt] *v.* 예측하다
→ **predict**ion [pridíkʃən] *n.* 예측
→ **predict**ive [pridíktiv] *a.* 예측의
→ **predict**able [pridíktəbl] *a.* 예측 가능한
→ **unpredict**able [ʌnpridíktəbl] *a.* 예측 불가능한

contradict는 맞지 않게(contra) 말한다고(dict) 하여 '모순되다'라는 뜻이 된 단어이다.

contradict [kàntrədíkt] *v.* 모순되다
→ **contradict**ion [kàntrədíkʃən] *n.* 모순
→ **contradict**ory [kàntrədíktəri] *a.* 모순되는

More Words

be addicted to ～에 중독되다 (대개 주어가 중독된 상태를 표현)

 수능 잡는 예문

- Many people **are addicted to** the Internet.

  많은 사람들이 인터넷**에 중독되어 있다**.

- The solution for freeing yourself from an Internet **addiction** is to get a hobby.

  인터넷 **중독**에서 벗어나는 방법은 취미를 가지는 것이다.

- This machine will be able to **predict** your thoughts.

  이 기계는 당신의 생각을 **예측할** 수 있을 것이다.

- The results from your studies seemed to **contradict** his theories.

  너의 연구 결과는 그의 이론과 **모순되는** 것 같았다.

Word Mapping

● 앞에서 학습한 워드맵을 참고하여 다음 영어 단어의 우리말 뜻을 적어보세요.

diction _____ → dictionary _____

dictate _____ → dictation _____
                → dictator _____
                → dictatorship _____
★ military dictatorship _____

addict _____ → addiction _____
                → addictive _____
★ be addicted to _____

predict _____ → prediction _____
                → predictive _____
                → predictable _____
                → unpredictable _____

contradict _____ → contradiction _____
                → contradictory _____

● 빈칸에 알맞은 단어를 넣어보세요.

01 She is not satisfied with her electronic _____.

그녀는 자신의 전자 **사전**에 만족하지 못한다.

02 _____ is another way to improve your listening and writing.

받아쓰기는 당신의 듣기와 쓰기를 향상시킬 수 있는 또 하나의 방법이다.

03 The _____ has lasted for 20 years.

독재 정권이 20년째 지속되고 있다.

04 Many people are _____ to the Internet.

많은 사람들이 인터넷에 **중독되어** 있다.

05 The solution for freeing yourself from an Internet _____ is to get a hobby.

인터넷 **중독**에서 벗어나는 방법은 취미를 가지는 것이다.

06 This machine will be able to _____ your thoughts.

이 기계는 당신의 생각을 **예측할** 수 있을 것이다.

07 The results from your studies seemed to _____ his theories.

너의 연구 결과는 그의 이론과 **모순되는** 것 같았다.

● 정답 p. 366

Unit
07 duct[duce] 이끌다 [생기초편]

1. duct[duce] → conduct / introduce

duct와 duce는 둘 다 '이끌다'라는 뜻으로 사용되었던 단어였는데, duct[dʌkt]는 그 의미가 남아 현재 물이나 가스를 이끌어가는 '배관'이라는 뜻으로 사용되고 있다.

conduct는 duct의 원래 뜻인 '이끌다'라는 의미가 확장된 단어로, 사람들을 함께 (con) 이끌어(duct) 간다고 하여 '지휘하다'라는 뜻과 자신에게 맡겨진 일을 함께 잘 이끌어 간다고 하여 '~을 하다, 수행하다'라는 뜻이 되었다.

---

conduct [kəndʌ́kt] *v.* 지휘하다, ~을 하다, 수행하다 [kándʌkt] *n.* 수행, 행동

→ **conductor** [kəndʌ́ktər] *n.* 지휘자, 안내원

---

introduce는 자신 안에(intro) 있는 것을 사람들 앞에 이끌어(duce) 낸다고 하여 '소개하다'라는 뜻이 된 단어이다.

---

introduce [ìntrədjúːs] *v.* 소개하다

→ **introduction** [ìntrədʌ́kʃən] *n.* 소개, 도입

→ **introductory** [ìntrədʌ́ktəri] *a.* 소개의, 서두의

More Words

★ conduct가 '~을 하다'라는 뜻으로 쓰이는 관용표현들

conduct an experiment 실험하다

conduct an investigation 수사하다

conduct an inquiry (공식적인) 조사를 하다

conduct a survey (실태) 조사를 하다

conduct research 연구하다

be introduced to ~에 소개되다[도입되다]

- I **conducted** this research alone.
  나는 이 연구를 혼자서 **수행했다**.

- The project **was** first **introduced to** the international scientific community.
  그 프로젝트는 처음으로 국제과학협회**에 소개되었다**.

- Can you write brief **introductions** of your favorite movies?
  네가 좋아하는 영화들에 대한 간단한 **소개**를 적어 줄 수 있겠니?

2. duct[duce] → reduce / deduce

reduce는 앞으로 나아가는 것을 가지 못하게 뒤로(re) 잡아 이끌어(duce) 간다고 하여 '줄이다, 감소시키다'라는 뜻이 되었다.

> **re**duce [ridjúːs] *v.* 줄이다, 감소시키다
> → **reduc**er [ridjúːsər] *n.* 줄이는 것
> → **reduct**ion [ridʌ́kʃən] *n.* 감소

deduce는 어떠한 내용의 일부를 아래(de)로 이끌어(duce) 낸 후 그 내용에 자신만의 생각을 넣는다고 하여 '추론하다'라는 뜻이 된 단어이다.

> **de**duce [didjúːs] *v.* 추론[추리]하다
> → **deduct**ion [didʌ́kʃən] *n.* 추론
> → **deduct**ive [didʌ́ktiv] *a.* 추론하는

| More Words
| **fever reducer** 해열제

- We can **reduce**, reuse and recycle.

  우리는 **줄여 쓰고**, 재사용하고, 재활용할 수 있다.

- He must not take a pain reliever or **fever reducer**.

  그는 진통제나 **해열제**를 복용해서는 안 된다.

- We **deduced** that he didn't agree with us.

  우리는 그가 우리와 의견이 같지 않다고 **추론했다**.

● 앞에서 학습한 워드맵을 참고하여 다음 영어 단어의 우리말 뜻을 적어보세요.

conduct _____ → conductor _____

★ conduct an experiment _____

conduct an investigation _____

conduct an inquiry _____

conduct a survey _____

conduct research _____

introduce _____ → introduction _____

→ introductory _____

★ be introduced to _____

reduce _____ → reducer _____

→ reduction _____

★ fever reducer _____

deduce _____ → deduction _____

→ deductive _____

Review Test

● 빈칸에 알맞은 단어를 넣어보세요.

01 I _____ this research alone.

나는 이 연구를 혼자서 **수행했다**.

02 The project was first _____ to the international scientific community.

그 프로젝트는 처음으로 국제과학협회에 **소개되었다**.

03 Can you write brief _____ of your favorite movies?

네가 좋아하는 영화들에 대한 간단한 **소개**를 적어 줄 수 있겠니?

04 We can _____, reuse and recycle.

우리는 **줄여 쓰고**, 재사용하고, 재활용할 수 있다.

05 He must not take a pain reliever or _____ _____.

그는 진통제나 **해열제**를 복용해서는 안 된다.

06 We _____ that he didn't agree with us.

우리는 그가 우리와 의견이 같지 않다고 **추론했다**.

Unit 08 vent[vene] 오다 생기초편

1. vent[vene] → intervene / prevent / invent

vent와 vene는 둘 다 '오다'라는 뜻으로 사용되었던 단어들이다. 현대영어에서도 두 단어에서 나온 단어들이 동사로 사용되고 있으며, 이 동사들의 명사형은 어미의 vent에 -ion을 붙이면 된다.

intervene은 사람들 사이(inter)로 온다고(vene) 하여 '개입하다'라는 뜻이 되었다.

---

intervene [ìntərvíːn] *v.* 개입하다

→ **intervention** [ìntərvénʃən] *n.* 개입

---

prevent는 사고가 나기 전에 미리(pre) 와서(vent) 대비한다고 하여 '막다, 금지하다'가 되었다.

---

prevent [privént] *v.* 막다, 금지하다

→ **prevention** [privénʃən] *n.* 예방, 방지

→ **preventive** [privéntiv] *a.* 예방의

→ **preventable** [privéntəbl] *a.* 예방할 수 있는

---

invent는 자신 안(in)에서 나오는(vent) 창조적인 생각으로 물건을 만든다고 하여 '발명하다'라는 뜻이 되었다.

---

invent [invént] *v.* 발명하다

→ **invention** [invénʃən] *n.* 발명(품)

→ **inventive** [invéntiv] *a.* 창의적인

→ **inventor** [invéntər] *n.* 발명가

→ **inventory** [ínvəntɔ̀ːri] *n.* 물품 목록, 재고품

- There will be no government **intervention**.
  정부의 **개입**은 없을 것이다.

- Human nature and diversity **prevent** people from being equal and happy.
  인간의 본성과 다양성은 사람들이 평등해지고 행복해지는 것을 **막는다**.

- The company **invented** the Hello Kitty character.
  그 회사는 헬로키티 캐릭터를 **발명했다**.

2. vent[vene] → event / adventure

event는 앞의 단어들과는 다르게 현재 명사로 사용되고 있는데, 밖(e)에 갑작스럽게 나오며(vent) 벌어진 것이라는 의미에서 '사건'이나 '행사'라는 뜻을 갖게 되었다. 이 단어에서 파생된 eventual은 마지막에 벌어진 사건이라는 의미에서 '최종의, 궁극적인'이라는 뜻이 되었고, eventually는 마지막 결과로 이루어진다는 의미에서 '결국, 마침내'라는 뜻이 되었다.

event [ivént] *n.* 사건, 행사
→ **eventual** [ivéntʃuəl] *a.* 최종적인, 궁극적인
→ **eventually** [ivéntʃuəli] *ad.* 결국, 마침내
→ **eventful** [ivéntfəl] *a.* 다사다난한

adventure는 앞에 무엇이 있든 그 방향(ad)으로 나아가는(vent) 것이라는 의미에서 '모험'이라는 뜻이 되었다.

adventure [ædvéntʃər] *n.* 모험
→ **adventurous** [ædvéntʃərəs] *a.* 모험적인

- She will be given a chance to perform in a school **event**.

  그녀에게 학교 **행사**에서 공연할 기회가 주어질 것이다.

- **Eventually**, his project will stop the forest from being damaged.

  결국, 그의 프로젝트가 삼림이 훼손되는 것을 막을 것이다.

- I want to be an author who writes fantasy and **adventure** stories.

  나는 판타지와 **모험**담을 쓰는 작가가 되고 싶다.

● 앞에서 학습한 워드맵을 참고하여 다음 영어 단어의 우리말 뜻을 적어보세요.

intervene _____ → intervention _____

prevent _____ → prevention _____
→ preventive _____
→ preventable _____

invent _____ → invention _____
→ inventive _____
→ inventor _____
→ inventory _____

event _____ → eventual _____
→ eventually _____
→ eventful _____

adventure _____ → adventurous _____

● 빈칸에 알맞은 단어를 넣어보세요.

01 There will be no government _____.

정부의 **개입**은 없을 것이다.

02 Human nature and diversity _____ people from being equal and happy.

인간의 본성과 다양성은 사람들이 평등해지고 행복해지는 것을 **막는다**.

03 The company _____ the Hello Kitty character.

그 회사는 헬로키티 캐릭터를 **발명했다**.

04 She will be given a chance to perform in a school _____.

그녀에게 학교 **행사**에서 공연할 기회가 주어질 것이다.

05 _____, his project will stop the forest from being damaged.

결국, 그의 프로젝트가 삼림이 훼손되는 것을 막을 것이다.

06 I want to be an author who writes fantasy and _____ stories.

나는 판타지와 **모험**담을 쓰는 작가가 되고 싶다.

● 정답 p. 366

Unit 09 mote[move] 움직이다 생기초편

1. mote[move] → motion / motor / motive

mote는 현대영어에서는 사용되고 있지 않지만 move가 변형되어 생긴 단어로 역시 '움직이다'라는 뜻의 단어였다. 생기초편에서는 mote에서 파생된 단어를 자세히 살펴보고 확장편에서는 move에서 나오게 된 다양한 뜻과 파생어를 배우도록 하자.

> **motion** [móuʃən] *n.* 움직임, 동작
>
> **motor** [móutər] *n.* 모터
>
> **motive** [móutiv] *a.* 원동력이 되는 *n.* 동기
> > → **motivate** [móutəvèit] *v.* ~에게 동기를 주다, 자극하다
> > → **motivation** [mòutəvéiʃən] *n.* 동기(부여)

More Words

motion picture 영화(= movie)
motorcycle [móutərsàikl] *n.* 오토바이(= motorbike)
motivated by ~로부터 동기를 부여받은, 자극받은

Tip

motive vs. motivation

motive는 살인이나 범죄 등을 저지르는 '부정적인 동기'를 의미하고, motivation은 사람을 자극하여 무언가를 할 수 있게 하는 '긍정적인 동기'를 뜻한다.

★ 모음(a, e, i, o, u)으로 끝나는 단어에 접미사(ion, ive, or, ate 등)를 붙이는 경우에는 대부분 단어 뒤의 모음을 생략한 후 붙여준다.

mote + ion = motion
mote + or = motor
motive + ate = motivate

- We can harvest electric power from every body's **motion**.
  우리는 모든 신체 **움직임**으로부터 전기 동력을 얻을 수 있다.

- I thought she had some secret **motive**.
  나는 그녀에게 뭔가 비밀스런 **동기**가 있다고 생각했다.

- They were so touched and **motivated by** the children.
  그들은 그 아이들로부터 매우 감동을 받았고 **동기를 부여받았다**.

2. mote[move] → emotion / promote / locomotive

emotion은 외부적인(e) 영향에 의해 마음이 움직인다고 하여 '감정'을 뜻한다.

---

emotion [imóuʃən] v. 감정, 감동

→ **emotional** [imóuʃənl] a. 감정적인, 정서적인

→ **emotionally** [imóuʃənli] ad. 감정적으로

→ **unemotional** [ʌnimóuʃənl] a. 감정에 치우치지 않는

---

promote는 앞(pro)으로 움직이게(mote) 만든다고 하여 '증진시키다, 승진시키다'라는 뜻이 되었고, 판매를 증진시키기 위해 하는 '홍보하다'라는 뜻도 지니게 되었다.

---

promote [prəmóut] v. 증진시키다, 승진시키다, 홍보하다

→ **promotion** [prəmóuʃən] n. 증진, 승진, 홍보

→ **promotional** [prəmóuʃənl] a. 홍보의

---

locomotive는 장소(loco)를 움직여(mote) 가며 이동하는 것을 표현하여 '이동하는'이라는 형용사와 장소마다 이동하는 '기관차'를 뜻하는 명사로 쓰이게 되었다.

locomotive [lòukəmóutiv] *a.* 이동하는 *n.* 기관차

emoticon [imóutikən] *n.* 이모티콘 (emotion(감정) + icon(아이콘, 우상))

수능 잡는 예문

- The positive **emotions** should improve your self-esteem.
  긍정적인 **감정들**은 당신의 자존감을 높일 것이다.

- She was **promoted** in recognition of her good work.
  그녀는 훌륭한 업적을 인정받아 **승진되었다**.

- They are currently studying the **locomotive** strategies of insects.
  그들은 현재 곤충들의 **이동** 전략을 연구하고 있다.

● 앞에서 학습한 워드맵을 참고하여 다음 영어 단어의 우리말 뜻을 적어보세요.

motion _____

motor _____

motive _____ → motivate _____

→ motivation _____

★ motion picture _____

motorcycle _____

motivated by _____

emotion _____ → emotional _____

→ emotionally _____

→ unemotional _____

★ emoticon _____

promote _____ → promotion _____

→ promotional _____

locomotive _____

Review Test

빈칸에 알맞은 단어를 넣어보세요.

01 We can harvest electric power from every body's _____.

우리는 모든 신체 **움직임**으로부터 전기 동력을 얻을 수 있다.

02 I thought she had some secret _____.

나는 그녀에게 뭔가 비밀스런 **동기**가 있다고 생각했다.

03 They were so touched and _____ by the children.

그들은 그 아이들로부터 매우 감동을 받았고 동기를 **부여받았다**.

04 The positive _____ should improve your self-esteem.

긍정적인 **감정들**은 당신의 자존감을 높일 것이다.

05 She was _____ in recognition of her good work.

그녀는 훌륭한 업적을 인정받아 **승진되었다**.

06 They are currently studying the _____ strategies of insects.

현재 그들은 곤충들의 **이동** 전략을 연구하고 있다.

● 정답 p. 366

cept[ceive] 잡다 생기초편

1. cept[ceive] → deceive / conceive

ceive는 '잡다'라는 뜻의 단어였다. 여기서 나온 -ceive 형태의 단어들은 일단 ceive 가 cept로 바뀐 다음에 명사형이나 형용사형으로 파생되어 활용된다.

deceive는 안 좋은 밑바닥(de)으로 잡아(ceive) 끌어당긴다고 하여 '속이다'라는 뜻이 되었고, 여기서 변형된 decept에 -ion을 붙인 deception은 '속임(수)'를 뜻한다.

---

deceive [disíːv] *v.* 속이다, 기만하다

→ **deception** [disépʃən] *n.* 속임(수), 기만

→ **deceptive** [diséptiv] *a.* 속이는, 기만적인

→ ****deceit** [disíːt] *n.* 속임(수), 기만

→ **deceitful** [disíːtfəl] *a.* 기만적인

★ deceit도 deceive에서 파생된 단어로 의미는 deception과 동일하다.

---

conceive는 마음속에 생각을 함께(con) 잡고(ceive) 있다고 하여 '상상하다, 이해하다'라는 뜻이 되었고, conception은 누구나 이해할 수 있는 '개념'이라는 뜻인데 -ion을 뺀 concept를 더 많이 쓰고 있다. preconceived는 미리(pre) 상상한다고 (conceive) 하여 '예상한, 선입견을 지닌'이라는 뜻이 되었고, misconceive는 잘못 (mis) 이해한다(conceive)고 하여 '오해하다'라는 뜻이 되었다.

---

conceive [kənsíːv] *v.* 상상하다, 이해하다

→ **conception** [kənsépʃən] *n.* 개념

→ **concept** [kánsept] *n.* 개념, 관점

→ **preconceived** [prìːkənsíːvd] *a.* 예상한, 선입견을 지닌

→ **preconception** [prìːkənsépʃən] *n.* 예상, 선입견

→ **misconceive** [mìskənsíːv] *v.* 오해하다

→ **misconception** [mìskənsépʃən] *n.* 오해

- He found out that he had been **deceived**.

  그는 자신이 **속았다**는 사실을 알게 되었다.

- She can't grasp the basic **concepts** of mathematics.

  그녀는 수학의 기본 **개념들**을 이해하지 못한다.

- His ideas are distorted by **preconceived** opinions.

  그의 생각은 **선입**견으로 왜곡되어 있다.

- Here are some more **misconceptions** about plants.

  식물에 관한 더 많은 **오해들**이 여기 있다.

2. cept[ceive] → perceive / receive

perceive는 다른 사람의 행동이나 주변 환경이 어떠한지를 생각 속에서 완전히(per) 잡아낸다고(ceive) 하여 '인식하다, 지각하다'라는 뜻이 되었다.

perceive [pərsíːv] *v.* 인식하다, 지각하다

→ **perce**ption [pərsépʃən] *n.* 인식, 지각

→ **perce**ptive [pərséptiv] *a.* 지각의, 통찰력 있는

receive는 원래 다시(re) 잡다는(ceive) 뜻에서 현재는 누군가로부터 얻게 되는 '받다'라는 뜻으로 쓰이게 된 단어이다.

receive [risíːv] *v.* 받다

→ **rece**ption [risépʃən] *n.* 접수처, 환영(회)

→ **rece**ptive [riséptiv] *a.* 수용적인

→ **rece**ptionist [risépʃənist] *n.* 접수 담당자

→ **rece**ipt [risíːt] *n.* 영수증

- We can hardly **perceive** the cars in front of us.

  우리는 우리 앞에 있는 차들을 거의 **인식할 수** 없다.

- She **received** praise for her efforts.

  그녀는 노력에 대한 칭찬을 **받았다**.

- She is a very **receptive** listener.

  그녀는 매우 **수용적인** 청자이다.

● 앞에서 학습한 워드맵을 참고하여 다음 영어 단어의 우리말 뜻을 적어보세요.

deceive _____ → deception _____
→ deceptive _____
→ deceit _____
→ deceitful _____

conceive _____ → conception _____
→ concept _____
→ preconceived _____
→ preconception _____
→ misconceive _____
→ misconception _____

perceive _____ → perception _____
→ perceptive _____

receive _____ → reception _____
→ receptive _____
→ receptionist _____
→ receipt _____

● 빈칸에 알맞은 단어를 넣어보세요.

01 He found out that he had been _____.

그는 자신이 **속았다**는 사실을 알게 되었다.

02 She can't grasp the basic _____ of mathematics.

그녀는 수학의 기본 **개념들**을 이해하지 못한다.

03 His ideas are distorted by _____ opinions.

그의 생각은 **선입견**으로 왜곡되어 있다.

04 Here are some more _____ about plants.

식물에 관한 더 많은 **오해들**이 여기 있다.

05 We can hardly _____ the cars in front of us.

우리는 우리 앞에 있는 차들을 거의 **인식할** 수 없다.

06 She _____ praise for her efforts.

그녀는 노력에 대한 칭찬을 **받았다**.

07 She is a very _____ listener.

그녀는 매우 **수용적인** 청자이다.

● 정답 p. 366

se[ss]의 법칙 생기초편

❶ se[ss] 역시 앞에서 배웠던 t의 법칙처럼 동사를 만들기 위해 사용되었다.

❷ t의 법칙에서는 대부분 기존의 단어 뒤에 t가 붙어서 새로운 동사가 만들어진 반면, se[ss]의 법칙에서는 기존의 단어 뒷부분이 se[ss]로 변형되었다.

> 예〉 **vide** → **vise** (보다)
> **pend** → **pense** (매달다, 무게를 달다)
> **mit** → **miss** (보내다)

원래 형태인 vide, pend, mit가 각각 vise, pense, miss로 변형되어 뒷부분이 모두 se나 ss 형태가 되었다.

❸ 일부 예외적인 경우를 제외하고, t의 법칙에서처럼 뒤에 -ion, -ive, -or 등이 와서 명사나 형용사가 만들어진다.

❹ se에 -ion, -ive 등 모음으로 시작되는 접미사가 붙으면 앞의 se의 모음 e가 생략된다는 것을 잊지 말자.

> 예〉 **se** (동사) → **sion** (명사), **sive** (형용사), **sor** (사람, 사물)
> **ss** (동사) → **ssion** (명사), **ssive** (형용사), **ssor** (사람, 사물)

단어를 통한 예〉

> **compress** → **compression** *n.* 압축
> *v.* 압축하다 → **compressive** *a.* 압축의
> → **compressor** *n.* (사물) 압축기

Unit 11 vise[vide] 보다 생기초편

1. vise[vide] → vision / visit / revise / supervise

vise는 '보다'라는 뜻을 지니고 있던 vide에서 변형된 단어이다. 이 vise에서 파생된 vision은 눈에 보이는 '시각, 시력'이라는 뜻과 눈이 아닌 마음속으로 본다고 하여 '환상'이라는 뜻도 지니게 되었고, 이 단어를 통해서 멀리(tele) 있는 것을 보는 television이라는 단어도 나오게 되었다.

---

vision [víʒən] *n.* 시각, 시력, 환상 → **television** [téləvìʒən] *n.* 텔레비전

---

visit은 '보다'라는 뜻의 vise와 '가다'라는 뜻을 지닌 it가 합쳐져 생긴 단어로 보러 간다는 의미에서 '방문하다'라는 뜻이 되었다.

---

visit [vízit] *v.* 방문하다 *n.* 방문 → **visitor** [vízitər] *n.* 방문객

---

revise는 책이나 연설의 내용을 다시(re) 보고(vise) 고친다고 하여 '수정하다'라는 뜻이 되었다.

---

revise [riváiz] *v.* 수정하다 → **revision** [rivíʒən] *n.* 수정

---

supervise는 위(super)에서 본다고(vise) 하여 '감독하다'라는 뜻이 되었다. supervise의 형용사는 supervisory라는 점에 주의하자!

---

supervise [súːpərvàiz] *v.* 감독하다

→ **supervision** [sùːpərvíʒən] *n.* 감독

→ **supervisor** [súːpərvàizər] *n.* 감독관, 상관

→ **supervisory** [sùːpərváizəri] *a.* 감독의

---

pay a visit 방문하다

pay는 돈을 내는 '지불하다'라는 뜻을 지니고 있지만 '~을 하다'라는 뜻도 있다. 따라서 '방문'을 뜻하는 명사 visit와 함께 쓴 pay a visit은 '방문하다'가 된다.

수능 잡는 예문

- We **visited** the Eiffel Tower about five years ago.
  우리는 약 5년 전에 에펠탑을 **방문했다**.

- I **revised** my speech several times.
  나는 내 연설문을 여러 차례 **수정했다**.

- You should **supervise** children when they use fireworks.
  너는 아이들이 불꽃놀이를 할 때 잘 **감시해야** 한다.

- Without my **supervisor**'s signature, the contract is invalid.
  나의 **감독관**의 사인 없이는 그 계약은 무효이다.

2. vise[vide] → divide / provide

divide는 보이는(vide) 것을 따로(di) 놓는다고 하여 '나누다'라는 뜻이 되었고, 이 단어가 변형된 divise에 -ion이 붙은 division은 공간이 나누어진 '구역, 부서'나 숫자를 나누는 '나눗셈'을 의미한다.

divide [diváid] *v.* 나누다
→ **divider** [diváidər] *n.* 디바이더, 나누는 것, 칸막이
→ **division** [divíʒən] *n.* 구역, 부(서), 나눗셈
→ **divisive** [diváisiv] *a.* 분열을 초래하는

provide는 원래 앞으로(pro) 다가올 미래를 보며(vide) 대비한다고 하여 '준비하다'라는 뜻이었으나 현재는 준비된 것을 사람들에게 나누어준다고 하여 '제공하다'라는 뜻으로 쓰이게 되었고, 이렇게 '제공'되는 것을 provision이라고 한다.

---

provide [prəváid] *v.* 제공하다 → **provision** [prəvíʒən] *n.* 공급. 제공

More Words

multiply [mʌ́ltəplài] *v.* 곱하다

multiplication [mʌ̀ltəplikéiʃən] *n.* 곱셈

provide services for ~에게 봉사하다

 수능 잡는 예문

- I met them at the center and **divided** them into two teams.
  나는 그들을 중앙에서 만났고 그들을 두 팀으로 **나누었다**.

- She **provided** students with opportunities to learn.
  그녀는 학생들에게 배울 수 있는 기회를 **제공하였다**.

- He is responsible for the **provision** of health care.
  그는 의료 **제공**에 대한 책임이 있다.

● 앞에서 학습한 워드맵을 참고하여 다음 영어 단어의 우리말 뜻을 적어보세요.

vision _____ → television _____

visit _____ → visitor _____

★ pay a visit _____

revise _____ → revision _____

supervise _____ → supervision _____

→ supervisor _____

→ supervisory _____

divide _____ → divider _____

→ division _____

→ divisive _____

★ multiply _____

multiplication _____

provide _____ → provision _____

★ provide services for _____

● 빈칸에 알맞은 단어를 넣어보세요.

01 We _____ the Eiffel Tower about five years ago.

우리는 약 5년 전에 에펠탑을 **방문했다**.

02 I _____ my speech several times.

나는 내 연설문을 여러 차례 **수정했다**.

03 You should _____ children when they use fireworks.

너는 아이들이 불꽃놀이를 할 때 잘 **감시해야** 한다.

04 Without my _____'s signature, the contract is invalid.

나의 **감독관**의 사인 없이는 그 계약은 무효이다.

05 I met them at the center and _____ them into two teams.

나는 그들을 중앙에서 만났고 그들을 두 팀으로 **나누었다**.

06 She _____ students with opportunities to learn.

그녀는 학생들에게 배울 수 있는 기회를 **제공하였다**.

07 He is responsible for the _____ of health care.

그는 의료 **제공**에 대한 책임이 있다.

● 정답 p. 366

miss[mit] 보내다 생기초편

1. miss[mit] → mission / emit / omit

현대영어에서 사용되는 miss는 '놓치다, 그리워하다'라는 뜻의 동사로 쓰이거나 결혼하지 않은 여성을 부르는 호칭인 Miss로 쓰인다.

여기서 배울 단어 miss는 앞에서 말한 miss/Miss와 철자는 같지만 현대영어에서 사용되지 않는 단어로 '보내다'라는 뜻의 mit가 변형된 단어이다. miss에서 파생된 mission은 사명을 맡기고 보낸다고 하여 '임무'라는 뜻이 되었고, mission에서 나온 missionary는 종교적인 임무를 맡겨 보낸 사람이라 하여 '선교사'란 뜻이 되었다.

mission [míʃən] *n.* 임무 → **missionary** [míʃənèri] *n.* 선교사 *a.* 선교의

emit은 안에 있던 것을 밖(e)으로 보낸다(mis)고 하여 '내뿜다'라는 뜻이 되었다. 명사형은 mit를 miss로 바꾼 후 -ion을 붙이면 된다.

emit [imít] *v.* 내뿜다 → **emission** [imíʃən] *n.* 배출

omit은 다 끝내지 못하고(o) 보냈다(mit)고 하여 '빠뜨리다'라는 뜻이 되었다. 명사형은 역시 mit를 miss로 바꾼 후 -ion을 붙이면 된다.

omit [oumít] *v.* 빠뜨리다, 누락하다 → **omission** [oumíʃən] *n.* 누락

More Words

miss out (on) 놓치다
amiss [əmís] *a.* 잘못된 *ad.* 잘못하여

- He doesn't like to **miss out on** anything.
  그는 그 무엇도 **놓치고** 싶어 하지 않는다.

- We carried out his **mission** because he was sick at the time.
  그 당시 그가 아팠기 때문에 우리가 그의 **임무**를 수행했다.

- The government tried to reduce greenhouse gas **emissions**.
  정부는 온실가스 **배출**을 줄이려고 노력했다.

- Fill in the blanks with the words that have been **omitted**.
  빠져 있는 단어들로 빈칸을 채우시오.

2. miss[mit] → intermit / transmit / submit / permit

intermit은 연극이나 영화에서 감독이 연기하는 중에(inter) 신호를 보낸다고(mit) 하여 '중지하다'라는 뜻이 되었다. intermit을 포함한 여기서 소개하는 단어들은 모두 mit를 miss로 바꾼 후에 -ion을 붙이면 명사가 된다.

> **inter**mit [intərmít] *v.* 중지하다
> → **intermiss**ion [intərmíʃən] *n.* 중간 휴식 시간

transmit은 전기나 신호 등을 한쪽에서 다른 쪽으로 건너(trans) 보낸다고(mit) 하여 '전송하다'라는 뜻이 되었다.

> **trans**mit [trænsmít] *v.* 전송하다
> → **transmiss**ion [trænsmíʃən] *n.* 전송, 송신, 변속기

submit은 처음에는 높은 사람이 신하를 아래로(sub) 보낸다는(mit) 뜻이었지만 현재는 높은 사람이 시키는 대로 하는 '복종하다'라는 뜻과 선생님이 시키는 숙제나 과

제를 내는 '제출하다'가 되었다.

submit [səbmít] *v.* 제출하다, 복종하다
→ **submission** [səbmíʃən] *n.* 제출, 복종
→ **submissive** [səbmísiv] *a.* 순종적인

permit은 통과하여(per) 보내준다고(mit) 하여 '허락하다'라는 뜻이 된 단어이다.

permit [pərmít] *v.* 허락하다 [pə́rmit] *n.* 허가증
→ **permission** [pərmíʃən] *n.* 허락, 허가
→ **permissive** [pərmísiv] *a.* 허락하는, 관대한

More Words

get permission to ~하는 것을 허락받다

수능 잡는 예문

- Please use the food court during the **intermission**.
  중간 휴식 시간에 푸드코트를 이용해 주세요.

- My car's **transmission** needs tuning.
  내 자동차 **변속기**는 튜닝이 필요하다.

- Students have to **submit** this report by tomorrow morning.
  학생들은 내일 아침까지 이 보고서를 **제출해야** 한다.

- Sandals are not **permitted** in the library.
  도서관에서는 샌들은 **허락되지** 않는다.

● 앞에서 학습한 워드맵을 참고하여 다음 영어 단어의 우리말 뜻을 적어보세요.

miss _____

★ miss out (on) _____

amiss _____

mission _____ → missionary _____

emit _____ → emission _____

omit _____ → omission _____

intermit _____ → intermission _____

transmit _____ → transmission _____

submit _____ → submission _____

→ submissive _____

permit _____ → permission _____

→ permissive _____

★ get permission to _____

● 빈칸에 알맞은 단어를 넣어보세요.

01   He doesn't like to _____ _____ _____ anything.

그는 그 무엇도 **놓치고** 싶어 하지 않는다.

02   We carried out his _____ because he was sick at the time.

그 당시 그가 아팠기 때문에 우리가 그의 **임무**를 수행했다.

03   The government tried to reduce greenhouse gas _____.

정부는 온실가스 **배출**을 줄이려고 노력했다.

04   Fill in the blanks with the words that have been _____.

빠져 있는 단어들로 빈칸을 채우시오.

05   Please use the food court during the _____.

중간 휴식 시간에 푸드코트를 이용해 주세요.

06   My car's _____ needs tuning.

내 자동차 **변속기**는 튜닝이 필요하다.

07   Students have to _____ this report by tomorrow morning.

학생들은 내일 아침까지 이 보고서를 **제출해야** 한다.

08   Sandals are not _____ in the library.

도서관에서는 샌들은 **허락되지** 않는다.

● 정답 p. 366

Unit 13 tense[tend] 뻗다 생기초편

1. tense[tend] → tend / tense / intense

tense와 tend는 과거에 '뻗다'라는 뜻으로 사용되던 단어였다. 그렇지만 이 두 단어는 현대영어로 오면서 따로 사용하게 되었고 각각 다른 뜻을 지니게 되었다.

tend는 자신이 좋아하는 쪽으로 뻗는다고 하여 '~하는 경향이 있다'라는 뜻이 되었고, tender는 두툼한 것을 평평하게 뻗게 만든다고 하여 '부드러운'이라는 뜻이 되었다.

> **tend** [tend] *v.* ~하는 경향이 있다(to)
> → **tendency** [téndənsi] *n.* 경향
> → **tender** [téndər] *a.* 부드러운, 연한
> → **tenderly** [téndərli] *ad.* 부드럽게

현대영어에서 사용되는 tense는 '뻗다'의 뜻이 확장되어 현재는 줄을 팽팽하게 뻗게 하면 떨림이 생기는 것처럼 마음을 떨리게 만든다고 하여 '긴장시키다'라는 뜻이 되었다.

> **tense** [tens] *v.* 긴장시키다 *a.* 긴장된
> → **tension** [ténʃən] *n.* 긴장
> → **tensely** [ténsli] *ad.* 긴장되게

intense는 다른 곳은 보지 않고 오직 안쪽(in)으로만 강하게 뻗어(tense) '강렬한'이라는 뜻이 되었다.

> **intense** [inténs] *a.* 강렬한, 열정적인
> → **intensely** [inténsli] *ad.* 강렬하게
> → **intensity** [inténsəti] *n.* 강렬함, 강도

- She **tends to** think of me as someone who is very smart.

  그녀는 나를 매우 영리한 사람으로 생각하는 **경향이 있다.**

- The beef became **tender** enough to eat.

  그 소고기는 먹을 수 있을 만큼 **부드러워**졌다.

- My neck became **tense** when the phone rang.

  전화벨이 울렸을 때 내 목이 **뻣뻣해**졌다.

- We had an **intense** curiosity about his art.

  우리는 그의 예술에 대해 **강렬한** 호기심을 가졌다.

2. tense[tend] → extend / pretend

extend는 손발을 밖(e)으로 쭉 뻗는(tend) '뻗다'라는 뜻과 시간이나 장소 등을 뻗는 '연장하다, 확장하다'라는 뜻이 되었다. 명사형이나 형용사형을 만들려면 먼저 extend를 extense로 바꾼 다음 뒤에 해당 접미사를 붙이면 된다.

extend [iksténd] *v.* 뻗다, 연장하다, 확장하다

    → **extens**ion [iksténʃən] *n.* 연장, 확장

    → **extens**ive [iksténsiv] *a.* 광범위한, 넓은

    → **extens**ively [iksténsivli] *ad.* 넓게, 널리

    → **exten**t [ikstént] *n.* 정도, 크기

pretend는 실제로는 없지만 미리(pre) 있는 것처럼 뻗어(tend) 놓는다고 하여 '가장하다, ~인 척하다'라는 뜻이 된 단어이다.

pretend [priténd] *v.* 가장하다, ~인 척하다

    → **pretens**ion [priténʃən] *n.* 허식, 가장

More Words

to some extent 어느 정도(까지)는

- Our company plans to **extend** its operations into Asia.

  우리 회사는 사업을 아시아로 **확대할** 계획이다.

- **Extensive** research has been done into the damages.

  그 피해에 대한 **광범위한** 연구가 이뤄져 왔다.

- **To some extent** it is genetically true.

  그것은 **어느 정도는** 유전적으로 사실이다.

- I **pretend** that I know what she is saying.

  나는 그녀가 무슨 말을 하는지 알아듣는 **척한다**.

● 앞에서 학습한 워드맵을 참고하여 다음 영어 단어의 우리말 뜻을 적어보세요.

tend _____ → tendency _____

→ tender _____

→ tenderly _____

tense _____ → tension _____

→ tensely _____

intense _____ → intensely _____

→ intensity _____

extend _____ → extension _____

→ extensive _____

→ extensively _____

→ extent _____

★ to some extent _____

pretend _____ → pretension _____

Review Test

● 빈칸에 알맞은 단어를 넣어보세요.

01 She _____ to think of me as someone who is very smart.

그녀는 나를 매우 영리한 사람으로 생각하는 **경향이 있다**.

02 The beef became _____ enough to eat.

그 소고기는 먹을 수 있을 만큼 **부드러워**졌다.

03 My neck became _____ when the phone rang.

전화벨이 울렸을 때 내 목이 **뻣뻣해**졌다.

04 We had an _____ curiosity about his art.

우리는 그의 예술에 대해 **강렬한** 호기심을 가졌다.

05 Our company plans to _____ its operations into Asia.

우리 회사는 사업을 아시아로 **확대할** 계획이다.

06 _____ research has been done into the damages.

그 피해에 대한 **광범위한** 연구가 이뤄져 왔다.

07 To some _____ it is genetically true.

그것은 어느 **정도**는 유전적으로 사실이다.

08 I _____ that I know what she is saying.

나는 그녀가 무슨 말을 하는지 알아듣는 **척한다**.

● 정답 p. 366

press 누르다 생기초편

1. press → compress

press는 위에서 아래로 힘을 가하는 '누르다'라는 뜻의 단어이고, 이 의미가 확장되어 잉크 등으로 눌러서 만드는 '신문'과 신문을 통해 알리는 '언론'이라는 뜻의 명사로 쓰이게 된 단어이다. 형용사형인 pressing은 빨리 버튼을 누르는 상황에서 연상되는 '긴급한'이라는 뜻이 되었고, press에 -ure를 붙인 명사형 pressure는 사람의 마음을 누른다고 하여 '압박감'을 뜻하게 되었다.

press [pres] *v.* 누르다 *n.* (the ~) 신문, 언론

→ **pressing** [présiŋ] *a.* 긴급한, 임박한

→ **pressure** [préʃər] *n.* 압박감, 압력

compress는 모여 있는 것을 함께(com) 누른다고 하여 '압축하다'라는 뜻이 되었다.

compress [kəmprés] *v.* 압축하다

→ **compression** [kəmpréʃən] *n.* 압축

→ **compressive** [kəmprésiv] *a.* 압축의

→ **compressor** [kəmprésər] *n.* 압축기

More Words

put pressure on ~에 압박[압력]을 가하다

blood pressure 혈압

🔍 수능 잡는 예문

- He made a statement to the **press**.

  그는 **언론**에 성명을 발표했다.

- It was really hard for her to handle the **pressure** from her new project.

  새로운 프로젝트에서 받는 **압박감**을 이겨내는 것은 그녀에게 정말 힘들었다.

- His story was **compressed** into one page.
  그의 이야기는 한 페이지에 **압축되어** 있었다.

2. press → depress / suppress

depress는 사람의 마음을 아래(de)로 누른다고(press) 하여 '우울하게 하다'라는 뜻과 경제가 성장하지 못하게 아래로 눌러진다고 하여 '하락시키다'라는 뜻이 된 단어이다.

depress [diprés] *v.* 우울하게 하다, 하락시키다
→ **depress**ed [diprést] *a.* 우울한, 낙담한
→ **depress**ion [dipréʃən] *n.* 우울증, 불경기
→ **depress**ive [diprésiv] *a.* 우울증의

suppress는 화나는 감정을 꾹 참으며 아래(sup)로 누른다고(press) 하여 '억누르다'라는 뜻과 사람들이 화가 나서 저지르는 시위나 반란 등을 아래로 누른다고 하여 '억압하다'라는 뜻으로도 사용하게 된 단어이다.

suppress [səprés] *v.* 억누르다, 억압하다
→ **suppress**ion [səpréʃən] *n.* 억제, 억압

More Words
the Great Depression (경제) 대공황

 수능 잡는 예문

- He felt **depressed** for the rest of the day.
  그는 그날 내내 **우울했다**.

- He was the mayor of New York City during **the Great Depression**.
  그는 **대공황** 시기에 뉴욕 시의 시장이었다.

- He **suppressed** his anger by going for a walk.
  그는 산책을 하며 화를 **억눌렀다**.

● 앞에서 학습한 워드맵을 참고하여 다음 영어 단어의 우리말 뜻을 적어보세요.

press _____ → pressing _____

→ pressure _____

★ put pressure on _____

blood pressure _____

compress _____ → compression _____

→ compressive _____

→ compressor _____

depress _____ → depressed _____

→ depression _____

→ depressive _____

★ the Great Depression _____

suppress _____ → suppression _____

● 빈칸에 알맞은 단어를 넣어보세요.

01 He made a statement to the _____.

그는 **언론**에 성명을 발표했다.

02 It was really hard for her to handle the _____ from her new project.

새로운 프로젝트에서 받는 **압박감**을 이겨내는 것은 그녀에게 정말 힘들었다.

03 His story was _____ into one page.

그의 이야기는 한 페이지에 **압축되어** 있었다.

04 He felt _____ for the rest of the day.

그는 그날 내내 **우울했다**.

05 He was the mayor of New York City during the Great _____.

그는 대**공황** 시기에 뉴욕 시의 시장이었다.

06 He _____ his anger by going for a walk.

그는 산책을 하며 화를 **억눌렀다**.

● 정답 p. 367

gress[grade] 가다 생기초편

1. gress[grade] → aggress / congress

gress는 '가다'라는 뜻의 grade가 변형되어 생겨난 단어이다. (grade는 확장편에서 자세히 살펴보도록 하자.) 이 gress에서 나온 aggress는 적을 향해(ag) 간다(gress) 고 하여 '공격하다'라는 뜻이 되었지만 현대영어에서는 거의 쓰이지 않는다. 하지만 이 단어에서 aggression(공격)이나 aggressive(공격적인) 같은 고급 어휘들이 파생되었다.

aggress [əgrés] *v.* 공격하다
- → **aggress**ion [əgréʃən] *n.* 공격(성), 침략
- → **aggress**or [əgrésər] *n.* 침략자
- → **aggress**ive [əgrésiv] *a.* 공격적인, 적극적인
- → **aggress**ively [əgrésivli] *ad.* 공격적으로

congress는 혼자 가는 것이 아닌 함께(com) 뭉쳐서 간다고(gress) 하여 '모이다'라는 뜻이 되었고, 나중에는 '회의'나 나라의 대표자들이 함께 모이는 '국회'를 뜻하는 명사로도 쓰이게 되었다. 원래 '회의'나 '국회'를 의미하던 단어는 congression이었지만 congress가 같은 뜻의 명사로 쓰이면서 사라지게 되었고, congression에서 파생된 congressional(국회의)만 형용사로 남게 되었다.

congress [kəŋgrés] *v.* 모이다 [káŋgris] *n.* 회의, (C~) 국회
- → **congress**ional [kəŋgréʃənl] *a.* 국회[의회]의

More Words

the Library of Congress 국회 도서관

- Computer games may encourage **aggression** in children.
  컴퓨터 게임은 아이들의 **공격성**을 조장할 수도 있다.

- It is not easy for me to tame **aggressive** animals.
  공격적인 동물들을 길들이는 것이 나에겐 쉽지 않다.

- **The Library of Congress** has the largest collection of books in the world.
  국회 도서관은 세계 최대 규모의 책을 소장하고 있다.

2. gress[grade] → progress / regress

progress는 앞(pro)으로 간다고(gress) 해서 '전진하다, 발전하다'라는 뜻이 되었고, 나중에는 '진전, 발전'이라는 뜻의 명사로도 쓰이게 되었다. progressive는 남보다 앞으로 가기에 '진보적인'이라는 뜻과 앞으로 조금씩 가는 '점진적인'이라는 뜻을 가지게 되었다.

progress [prəgrés] *v.* 전진[진전]하다, 발전하다 [prágres] *n.* 진전, 발전, 진보

→ **progress**ive [prəgrésiv] *a.* 진보적인, 점진적인

→ **progress**ively [prəgrésivli] *ad.* 점점

regress는 뒤(re)로 간다고(gress) 하여 '퇴보하다, 퇴보'라는 뜻이 된 단어로 progress의 반대 의미로 생각하면 된다.

regress [rigrés] *v.* 퇴보하다 [rí:gres] *n.* 퇴보

More Words

in progress 진행 중인

- As a result, the nation made great **progress**.

  그 결과, 국가는 커다란 **발전**을 이루었다.

- We dreamed of a **progressive** society for our children.

  우리는 아이들을 위해 **진보적인** 사회를 꿈꾸었다.

- Our economy **has regressed** because of the old system.

  낡은 체제로 인해 우리 경제가 **퇴보했다**.

● 앞에서 학습한 워드맵을 참고하여 다음 영어 단어의 우리말 뜻을 적어보세요.

aggress _____ → aggression _____

→ aggressor _____

→ aggressive _____

→ aggressively _____

congress _____ → congressional _____

★ the Library of Congress _____

progress _____ → progressive _____

→ progressively _____

★ in progress _____

regress _____

Review Test

● 빈칸에 알맞은 단어를 넣어보세요.

01 Computer games may encourage _____ in children.

컴퓨터 게임은 아이들의 **공격성**을 조장할 수도 있다.

02 It is not easy for me to tame _____ animals.

공격적인 동물들을 길들이는 것이 나에겐 쉽지 않다.

03 The Library of _____ has the largest collection of books in the world.

국회 도서관은 세계 최대 규모의 책을 소장하고 있다.

04 As a result, the nation made great _____.

그 결과, 국가는 커다란 **발전**을 이루었다.

05 We dreamed of a _____ society for our children.

우리는 아이들을 위해 **진보적인** 사회를 꿈꾸었다.

06 Our economy has _____ because of the old system.

낡은 체제로 인해 우리 경제가 **퇴보했다**.

● 정답 p. 367

Section 2

수능 잡아먹는 VOCA 확장편

영어 단어에는 역사가 있다. 그렇기 때문에 처음에 단어가 만들어질 때는 대부분 하나의 패턴대로 생겨나지만 나중에 나온 단어일수록 기존 패턴과는 다르게 변형되어 만들어지게 되었다. 확장편에서는 이렇게 다양하게 변형된 단어들을 학습하고, 각 단어에서 확장되어 파생된 단어들을 한 번에 공부하게 될 것이다. 또한 확장편은 앞에서 다룬 생기초편과 연계되기 때문에 이미 학습한 단어를 다시 한 번 익힐 수 있고, 추가로 새로운 법칙들을 학습함으로써 영어 단어가 어떻게 변화되고 만들어지게 되었는지 확실히 이해할 수 있을 것이다.

확장편에서 배우게 될 법칙

1 t의 법칙

2 se[ss]의 법칙

3 ate와 ite의 법칙

4 us 법칙과 각종 단어의 변형

1 t의 법칙 확장편

❶ 생기초편에서는 t로 끝나는 동사들을 다루었고, 이 동사들을 명사형으로 만들 때는 -ion을, 형용사와 사람/사물을 나타낼 때는 각각 -ive와 -or를 붙였다.

❷ 확장편에서 다룰 단어들 역시 위와 같은 법칙이 적용되는 경우가 많지만 그렇지 않은 경우도 있다.

❸ 단어의 핵심이 되는 어근(처음 시작되는 단어)의 뜻은 변함이 없기에 어근의 뜻을 정확히 알면 나머지 단어들도 어렵지 않게 암기할 수 있다.

생기초편 단어 예〉

lect 고르다
→ **collect** *v.* 모으다, 수집[수거]하다
→ **collection** *n.* 모음[집합], 수집품[소장품]

확장편 단어 예〉

lect 고르다
→ **lecture** *n.* 강의, 강연
→ **lecturer** *n.* 강사

lect 고르다 〔확장편〕

1. lect → lecture / neglect / intellect

lect는 '고르다'라는 뜻의 단어라는 것을 기억할 것이다. lecture는 lect에 -ure가 붙어서 생긴 단어로 필요한 주제를 골라서(lect) 학생들에게 가르친다고 해서 '강의, 강연'이라는 뜻이 되었다.

lecture [léktʃər] *n.* 강의, 강연 → **lecturer** [léktʃərər] *n.* 강사

neglect는 부정을 의미하는 neg가 합쳐져 만들어진 단어로 농부들이 수확할 때 자신에게 주어진 좋은 농작물을 고르는(lect) 일을 제대로 하지 않고(neg) 놀고 있는 데서 유래되어 '소홀히 하다, 무시하다'라는 뜻이 되었다.

neglect [niglékt] *v.* 소홀히 하다, 무시하다 → **neglectful** [nigléktfəl] *a.* 소홀한

intellect는 현재 동사가 아닌 명사로 남아 있으며 생각 속에서(intel) 제대로 골라낼(lect) 수 있는 능력을 표현하여 '지능'이라는 뜻이 되었다.

intellect [íntəlèkt] *n.* 지능, 지성
→ **intellectual** [intəléktʃuəl] *a.* 지능의, 지적인
→ **intellectually** [intəléktʃuəli] *ad.* 지적으로

More Words

intellectually challenged 지적 장애를 가진
challenge [tʃǽlindʒ] *v.* 도전하다 *n.* 도전
challenged [tʃǽləndʒd] *a.* 장애를 가진

- They were impressed by his **lectures**.

  그들은 그의 **강의**에 감명을 받았다.

- He can encourage you to **neglect** others.

  그는 당신이 사람들에게 **소홀히 하도록** 부추길 수 있다.

- We made an **intellectual** decision that will help **intellectually challenged** people.

  우리는 **지적 장애를 가진** 사람들을 돕는 **현명한(지적인)** 결정을 내렸다.

★ lect에서 파생된 것으로 혼동하기 쉬운 단어

electrum → electric / electron

'전기'를 뜻하는 electricity는 lect에서 파생된 elect(선거하다)와 철자가 굉장히 유사하다. 하지만 이 electricity는 라틴어로 '호박'을 의미하는 electrum에서 나온 것이고, 호박을 천으로 문질러서 생긴 정전기에서 유래하여 '전기'를 뜻하게 된 것이다.

electric/electrical [iléktrik/iléktrikəl] *a.* 전기의
  → **electricity** [ilektrísəti] *n.* 전기, 전력
  → **electrician** [ilektríʃən] *n.* 전기기술자

electron [iléktran] *n.* 전자
  → **electronic** [ilektránik] *a.* 전자의
  → **electronics** [ilektrániks] *n.* 전자장치, 전자공학

More Words

hydroelectric [hàidrouiléktrik] *a.* 수력전기의

　→ **hydroelectricity** [hàidrouilektrísiti] *n.* 수력전기

electromagnet [ilèktroumǽgnit] *n.* 전자석

　→ **electromagnetic** [ilèktroumægnétik] *a.* 전자기[전자석]의

'물'을 의미하는 hydro와 합쳐진 hydroelectricity는 물을 이용한 전기, 즉 '수력전기'를 의미하고, '자석'을 의미하는 magnet과 합쳐진 electromagnet은 '전자석'을 뜻한다.

magnet [mǽgnit] *n.* 자석

magnetic [mægnétik] *a.* 자석의, 끌리는

- More than 1.5 billion people live without **electricity**.

  15억 명 이상의 사람들이 **전기** 없이 살고 있다.

- He discarded **electronic** and **electrical** items without proper care.

  그는 **전기** 및 **전자** 제품들을 적절한 주의 없이 버렸다.

- More often than not, my son forgets to unplug **electronics**.

  대개 나의 아들은 **전자장치**의 플러그를 뽑는 것을 깜박한다.

● 앞에서 학습한 워드맵을 참고하여 다음 영어 단어의 우리말 뜻을 적어보세요.

lecture _____ → lecturer _____

neglect _____ → neglectful _____

intellect _____ → intellectual _____
                                   → intellectually _____

★ intellectually challenged _____
  challenge _____
  challenged _____

| 혼동 단어 |

electric/electrical _____ → electricity _____
                                         → electrician _____

electron _____ → electronic _____
                                         → electronics _____

★ hydroelectric _____ → hydroelectricity _____
  electromagnet _____ → electromagnetic _____
  magnet _____
  magnetic _____

● 빈칸에 알맞은 단어를 넣어보세요.

01 They were impressed by his _____.

그들은 그의 **강의**에 감명을 받았다.

02 He can encourage you to _____ others.

그는 당신이 사람들에게 **소홀히 하도록** 부추길 수 있다.

03 We made an _____ decision that will help
_____ challenged people.

우리는 **지적** 장애를 가진 사람을 돕는 **현명한(지적인)** 결정을 내렸다.

04 More than 1.5 billion people live without _____.

15억 명 이상의 사람들이 **전기** 없이 살고 있다.

05 He discarded _____ and _____ items without
proper care.

그는 **전기** 및 **전자** 제품들을 적절한 주의 없이 버렸다.

06 More often than not, my son forgets to unplug _____.

대개 나의 아들은 **전자장치**의 플러그를 뽑는 것을 깜박한다.

● 정답 p. 367

rect 똑바로 세우다 확장편

1. rect → direct

생기초편에서는 동사로서의 direct의 뜻과 거기서 파생된 단어들을 학습했다. 여기서는 direct가 형용사로 쓰일 때의 뜻과 여기서 파생된 단어를 살펴보겠다. direct는 똑바로 가는 것을 형용사로 표현하여 '직접적인'을 뜻하게 되었고, 이 뜻이 확장되어 개인에게 직접 보내는 '광고용 우편물'을 direct mail이라 부르게 되었다. direct 앞에 '부정, 반대'를 의미하는 in이 붙어서 생긴 indirect는 '직접의'의 반대인 '간접적인'이라는 뜻이다.

---

direct [dirékt, dai-] *a.* 직접적인, 직설적인

→ **directly** [diréktli] *ad.* 직접적으로, 똑바로

→ **indirect** [indərékt] *a.* 간접적인

→ **indirectly** [indəréktli] *ad.* 간접적으로

More Words

direct mail 광고용 우편물

direct sunlight 직사광선

direct current (전기의) 직류

 수능 잡는 예문

- This building collapsed as a[an] **direct[indirect]** result of the heavy rain.
  이 빌딩은 폭우의 **직접적인[간접적인]** 결과로 붕괴되었다.

- Do not apply ice **directly** to the skin.
  피부에 얼음을 **직접** 갖다 대지 마라.

- We were **indirectly** concerned in the affair.
  우리는 그 사건에 **간접적으로** 관계되었다.

2. rect → correct / rectangle

correct 역시 처음에는 동사로 쓰이다가 나중에 형용사로도 쓰이게 되었다. correct 의 형용사 뜻은 모든 것이 완전히 수정되어진 것을 표현한 '올바른, 정확한'이다.

correct [kərékt] *a.* 올바른, 정확한
→ **correctness** [kəréktnis] *n.* 정확함
→ **correctly** [kəréktli] *ad.* 올바르게
→ **incorrect** [ìnkərékt] *a.* 올바르지 않은, 부정확한
→ **incorrectly** [ìnkəréktli] *ad.* 부정확하게

rectangle은 네 개의 각(angle)이 똑바로 세워진 '직사각형'을 의미한다.

rectangle [réktæŋgl] *n.* 직사각형
→ **rectangular** [rektǽŋgjulər] *a.* 직사각형의

More Words

angle [ǽŋgl] *n.* 각도, 시각
triangle [tráiæŋgl] *n.* 삼각형
square [skwɛər] *n.* 정사각형, 광장 *a.* 제곱의

수능 잡는 예문

- Computers always make **correct** and proper decisions.
  컴퓨터는 언제나 **정확하**고 적합한 결정을 한다.

- It's difficult to pronounce English words **correctly**.
  영어 단어를 **올바르게** 발음하기는 어렵다.

- Choose the one that is grammatically **incorrect** and correct it.
  문법적으로 **올바르지 않은** 하나를 고르고 그것을 수정해라.

- Can you draw a **rectangle** using this pen?
  이 펜을 사용하여 **직사각형**을 그릴 수 있나요?

● 앞에서 학습한 워드맵을 참고하여 다음 영어 단어의 우리말 뜻을 적어보세요.

direct _____ → directly _____

→ indirect _____

→ indirectly _____

★ direct mail _____
   direct sunlight _____
   direct current _____

correct _____ → correctness _____

→ correctly _____

→ incorrect _____

→ incorrectly _____

rectangle _____ → rectangular _____

★ angle _____
   triangle _____
   square _____

● 빈칸에 알맞은 단어를 넣어보세요.

01 This building collapsed as a _____ result of the heavy rain.

이 빌딩은 폭우의 **직접적인** 결과로 붕괴되었다.

02 Do not apply ice _____ to the skin.

피부에 얼음을 **직접** 갖다 대지 마라.

03 We were _____ concerned in the affair.

우리는 그 사건에 **간접적으로** 관계되었다.

04 Computers always make _____ and proper decisions.

컴퓨터는 언제나 **정확하고** 적합한 결정을 한다.

05 It's difficult to pronounce English words _____.

영어 단어를 **올바르게** 발음하는 것은 어렵다.

06 Choose the one that is grammatically _____ and correct it.

문법적으로 **올바르지 않은** 하나를 고르고 그것을 수정해라.

07 Can you draw a _____ using this pen?

이 펜을 사용하여 **직사각형**을 그릴 수 있나요?

● 정답 p. 367

act 행동하다 [확장편]

1. act → active

act를 이용한 많은 숙어가 있지만 앞에서 배운 '행동하다, 연기하다'라는 뜻만 잘 기억하면 쉽게 암기할 수 있다. 형용사 active(활동적인)에서 파생되어 나온 activate는 활동적으로 만든다고 하여 '활성화하다'라는 뜻이 되었고, activity는 이렇게 활동적으로 움직이는 '활동, 활력'이라는 뜻의 명사이다.

active [ǽktiv] *a.* 활동적인, 적극적인
→ **activate** [ǽktəvèit] *v.* 활성화하다
→ **activation** [æktəvéiʃən] *n.* 활성화
→ **activity** [æktívəti] *n.* 활동, 활력

More Words

act as if 마치 ~처럼 행동하다
act fake 가식적으로 행동하다 (fake [feik] *a.* 가짜의, 거짓의 *n.* 가짜 *v.* 가장하다)
act out 실연하다
the act of ~하는 행동
after-school activity 방과 후 활동
outdoor activity 야외 활동

수능 잡는 예문

- They started to **act out** the whole incident.
  그들은 그 사건 전체를 **실연해** 보이기 시작했다.

- A healthy laugh helps **activate** our brain cells.
  건강한 웃음은 우리의 뇌세포를 **활성화시켜** 준다.

- What is the most popular **activity** among them?
  그들 사이에서 가장 인기 있는 **활동**은 무엇인가?

2. act → actual / exact

act는 행동을 하는 것이기에 현재 실제로 행동하는 것을 표현한 형용사인 '실제적인' 이라는 뜻의 actual이 나오게 되었다.

actual [ǽktʃuəl] *a.* 실제적인, 사실상의
→ **actually** [ǽktʃuəli] *ad.* 실제로, 사실은
→ **actuality** [ǽktʃuǽləti] *n.* 실제, 사실

한 치의 오차도 없이 딱 잘라(ex) 행동한다고(act) 해서 '정확한'이라는 뜻을 지닌 exact도 형용사로 사용하게 되었다.

exact [igzǽkt] *a.* 정확한 → **exactly** [igzǽktli] *ad.* 정확히, 맞게

More Words
not exactly 꼭 그런 건 아니고

 수능 잡는 예문

● She looked 10 years younger than her **actual** age.
그녀는 **실제적인** 나이보다 열 살이나 어려 보였다.

● **Actually**, I'm a little nervous because it'll be my first visit.
사실, 내가 처음 방문하는 것이어서 좀 긴장된다.

● They can figure out the **exact** size of an object.
그들은 물체의 **정확한** 크기를 알아낼 수 있다.

● 앞에서 학습한 워드맵을 참고하여 다음 영어 단어의 우리말 뜻을 적어보세요.

active _____ → activate _____

→ activation _____

→ activity _____

★ act as if _____

act fake _____

act out _____

the act of _____

after-school activity _____

outdoor activity _____

actual _____ → actually _____

→ actuality _____

exact _____ → exactly _____

★ not exactly _____

Review Test

● 빈칸에 알맞은 단어를 넣어보세요.

01 They started to _____ _____ the whole incident.

그들은 그 사건 전체를 **실연해** 보이기 시작했다.

02 A healthy laugh helps _____ our brain cells.

건강한 웃음은 우리의 뇌세포를 **활성화시켜** 준다.

03 What is the most popular _____ among them?

그들 사이에서 가장 인기 있는 **활동**은 무엇인가?

04 She looked 10 years younger than her _____ age.

그녀는 **실제적인** 나이보다 열 살이나 어려 보였다.

05 _____, I'm a little nervous because it'll be my first visit.

사실, 내가 처음 방문하는 것이어서 좀 긴장된다.

06 They can figure out the _____ size of an object.

그들은 물체의 **정확한** 크기를 알아낼 수 있다.

● 정답 p. 367

Unit 19 tract 끌다 [확장편]

1. tract → contract

contract는 사람들을 함께(con) 끌고(tract) 와서 동의를 얻는다고 하여 '계약하다'라는 뜻이 된 단어이다. 이 contract는 현재 '계약(서)'라는 뜻의 명사로도 사용되게 되었고, 이렇게 계약하는 주체인 '계약자'를 contractor라고 한다. 형용사형은 contractive가 아닌 contractual(계약상의)이니 주의하자.

---

contract [kάntrækt] *v.* 계약하다 [kántrækt] *n.* 계약(서)

→ **contract**or [kántræktər] *n.* 계약자, 계약 업체

→ **contract**ual [kəntrǽktʃuəl] *a.* 계약상의

→ **contract**ually [kəntrǽktʃuəli] *ad.* 계약상으로

More Words

sign a contract with ~와 계약을 체결하다[계약서에 서명하다]

★ 교과서에서 나온 contract 관련 표현

legal contract 법적 계약서

long-term contract 장기 계약

short-term contract 단기 계약

fixed-term contract 기한부 고용 계약

 수능 잡는 예문

- You must know that it is a long-term **contract**.
  너는 그것이 장기 **계약**임을 알아야 한다.

- We finally **signed a contract with** the Yankees.
  우리는 마침내 양키즈**와 계약을 체결했다**.

- Their relationship is the exact opposite of **contractual** relationship.
  그들의 관계는 **계약상의** 관계와는 정반대이다.

2. tract → extract / abstract

extract는 안에 있는 것을 밖(ex)으로 끌어낸다고(tract) 하여 '추출하다, 발췌하다'라는 뜻이 된 단어이다. 이 extract는 명사로도 사용되어 뽑아낸 '추출물'과 책 등에서 내용을 뽑아낸 '발췌'를 뜻하고, extraction은 발췌하는 행위를 가리키는 '뽑아냄, 추출'이라는 뜻이 되었다.

extract [ikstrǽkt] *v.* 추출하다, 발췌하다 [ékstrækt] *a.* 추출물, 발췌

→ **extraction** [ikstrǽkʃən] *n.* 뽑아냄, 추출

abstract는 가운데 있는 핵심을 멀리(abs) 뽑아 끌어낸다고(tract) 하여 extract와 같은 '추출하다'라는 뜻이 되었다. 이 abstract는 나중에 형용사로도 사용하게 되어 사람이나 사물의 특성을 뽑아내어 파악하는 '추상적인'이라는 뜻이 되었다.

abstract [ǽbstrækt] *v.* 추출하다 *a.* 추상적인

→ **abstraction** [æbstrǽkʃən] *n.* 추상[추상화]

→ **abstractionist** [æbstrǽkʃənist] *n.* 추상파 화가

More Words

extracted from ~에서 추출된

oil/mineral/coal extraction 석유/광물/석탄 추출

 수능 잡는 예문

• This is an **extract** from a magazine interview with a scientist.
이것은 과학자와 한 잡지의 인터뷰 중 일부를 **발췌한 것**이다.

• The raw materials are only **extracted from** mountainous areas.
그 원자재는 오직 산악지역에서만 **추출된다**.

• Some of Picasso's paintings are **abstract** art.
피카소의 몇몇 회화들은 **추상** 예술이다.

● 앞에서 학습한 워드맵을 참고하여 다음 영어 단어의 우리말 뜻을 적어보세요.

contract _____ → contractor _____

→ contractual _____

→ contractually _____

★ sign a contract with _____
legal contract _____
long-term contract _____
short-term contract _____
fixed-term contract _____

extract _____ → extraction _____

★ extracted from _____
oil/mineral/coal extraction _____

abstract _____ → abstraction _____

→ abstractionist _____

● 빈칸에 알맞은 단어를 넣어보세요.

01 You must know that it is a long-term _____.

너는 그것이 장기 **계약**임을 알아야 한다.

02 We finally _____ a _____ with the Yankees.

우리는 마침내 양키즈와 **계약**을 **체결했다**.

03 Their relationship is the exact opposite of _____ relationship.

그들의 관계는 **계약상의** 관계와는 정반대이다.

04 This is an _____ from a magazine interview with a scientist.

이것은 과학자와 한 잡지의 인터뷰 중 일부를 **발췌한 것**이다.

05 The raw materials are only _____ from mountainous areas.

그 원자재는 오직 산악지역에서만 **추출된다**.

06 Some of Picasso's paintings are _____ art.

피카소의 몇몇 회화들은 **추상** 예술이다.

● 정답 p. 367

Unit 20 ject 던지다 [확장편]

1. ject → object

object는 다른 사람의 의견에 반대(ob)로 의견을 던진다고(ject) 하여 '반대하다'라는 뜻이 되었으며, 이 뜻에서 파생된 objection은 명사로 '반대'를 의미한다. object는 나중에 다른 나라에서 사용되면서 앞(ob)에 던져져(ject) 있는 것이라는 의미에서 '물체, 사물'을 뜻하게 되었고, 앞으로 던져진 해야 할 것이라는 의미에서 '목적(어)'를 뜻하게 되었다. 이 단어에서 파생된 objective는 형용사로 앞에 놓여 있는 물체를 개인이 아닌 제삼자가 무엇인지 생각해 본다고 하여 '객관적인'이라는 뜻이 되었고, 또 명사로도 쓰여 '목적, 목표'라는 명사 object와 같은 뜻을 지니게 되었다.

---

object [əbdʒékt] *v.* 반대하다(to) [ábdʒikt] *n.* 물체, 사물, 목적(어)

→ **objection** [əbdʒékʃən] *n.* 반대

→ **objective** [əbdʒéktiv] *a.* 객관적인 *n.* 목적, 목표

More Words

UFO(= unidentified flying object) 미확인 비행 물체

set an objective 목표를 정하다

 수능 잡는 예문

- She **objects** to the use of smartphones in school.
  그녀는 학교에서의 스마트폰 사용에 **반대한다**.

- There are many **objects** floating around the Earth.
  지구 주위를 떠다니는 많은 **물체들**이 있다.

- He always **sets an objective** for himself with his work.
  그는 언제나 업무와 관련하여 자신을 위해 **목표를 정한다**.

2. ject → subject

subject는 아래(sub)로 던진다는(ject) 뜻에서 유래된 단어로, 적이나 신하를 자신 밑에 두는 '복종시키다'라는 뜻이 되었다. 이후 subject는 명사로 사용되어 높은 사람이 마음대로 하는 '실험 대상'이라는 뜻과 가장 높은 사람이 정하는 '주제'나 학교에서 정해진 '과목'이라는 뜻으로도 사용되었다. subjective는 가장 높은 사람처럼 자신이 정하고 판단한다고 하여 '주관적인'이라는 뜻이 되었고, 이는 앞에서 배운 objective 와 반대의 의미이다.

---

subject [səbdʒékt] *v.* 복종시키다 [sʌ́bdʒikt] *n.* 실험 대상, 주제[주어], 과목

→ **subject**ive [səbdʒéktiv] *a.* 주관적인

More Words

be subjected to ~을 받다[당하다]

be subject to ~이 될 수 있다, ~을 받아야 한다

on the subject of ~에 관하여

〈문법 용어 정리〉

subject [sʌ́bdʒikt] 주어   **object** [ábdʒikt] 목적어

adjective [ǽdʒiktiv] 형용사   **verb** [vəːrb] 동사

adverb [ǽdvəːrb] 부사

 수능 잡는 예문

- I have picked a **subject** for my essay.

  나는 내 글의 **주제**를 정했다.

- They attended a lecture on medical **subjects**.

  그들은 의학 관련 **과목**을 수강했다.

- I **am subjected to** prejudice because of the way I look.

  나는 보이는 모습 때문에 손해(편견)를 **받는다**.

- The show program **is subject to** change.

  공연 프로그램은 변경이 **될 수 있다**.

● 앞에서 학습한 워드맵을 참고하여 다음 영어 단어의 우리말 뜻을 적어보세요.

object _____ → objection _____

→ objective _____

★ UFO(= unidentified flying object) _____

set an objective _____

subject _____ → subjective _____

★ be subjected to _____

be subject to _____

on the subject of _____

subject _____

object _____

adjective _____

verb _____

adverb _____

● 빈칸에 알맞은 단어를 넣어보세요.

01 She _____ to the use of smartphones in school.
그녀는 학교에서의 스마트폰 사용에 **반대한다**.

02 There are many _____ floating around the Earth.
지구 주위를 떠다니는 많은 **물체들**이 있다.

03 He always sets an _____ for himself with his work.
그는 언제나 업무와 관련하여 자신을 위해 **목표**를 정한다.

04 I have picked a _____ for my essay.
나는 내 글의 **주제**를 정했다.

05 They attended a lecture on medical _____.
그들은 의학 관련 **과목**을 수강했다.

06 I am _____ _____ prejudice because of the way I look.
나는 보이는 모습 때문에 손해(편견)를 **받는다**.

07 The show program is _____ _____ change.
공연 프로그램은 변경이 **될 수 있다**.

● 정답 p. 367

1. dicate → indicate / dedicate

확장편에서는 dic에 -ate가 붙은 단어들을 살펴보겠다. -ate도 생기초편의 -t처럼 동사형을 만들기 위해 붙였으며 역시 -ion, -ive, -or를 붙여 파생어를 만드는데, 이때 먼저 -ate의 e를 생략해야 한다.

indicate는 안(in)에 있는 것을 정확히 지적하여 무엇인지 말해(dicate) 준다고 하여 '가리키다, 나타내다'라는 뜻이 되었다.

indicate [índikèit] *v.* 가리키다, 나타내다
> → **indicat**ion [indikéiʃən] *n.* 암시
> → **indicat**ive [indíkətiv] *a.* 나타내는
> → **indicat**or [índikèitər] *n.* 표시 (장치)

dedicate는 왕의 명령(dicate)에 자신의 일부를 떼어(de) 준다고 하여 '~을 바치다'라는 뜻이 되었다.

dedicate [dédikèit] *v.* ~을 바치다 → **dedicat**ion [dèdikéiʃən] *n.* 헌신

More Words

battery indicator 배터리 알림 표시등　　**be dedicated to** ~에 헌신[전념]하다

 수능 잡는 예문

- What do the different colors in this graph **indicate**?
  이 그래프에서 다른 색깔들이 무엇을 **가리키는가**?

- She **dedicated** herself to looking after her Korean students.
  그녀는 한국의 학생들을 돌보는 데 자기 자신을 **바쳤다**.

- They **were dedicated to** teaching their children.
  그들은 그들의 아이들을 가르치는 **데 헌신했다**.

★ dicate에서 파생된 것으로 혼동하기 쉬운 단어

medic → medicate / medical / medicine

medicate는 dicate가 아닌 medic[médik]에서 나온 단어이다. 이 medic은 현재 영국 영어에서는 '의사'나 '의대생'을 의미하지만 미국에서는 '위생병'으로 사용된다.

medicate는 병을 치료하기 위해 약을 사용하는 '약을 투여하다'라는 뜻이고, medication이 의사가 처방해주거나 어떠한 증상에 먹는 약이라면 medicine은 보편적으로 말하는 모든 약이라고 보면 된다.

medicate [médəkèit] *v.* 약을 투여하다

→ **medication** [mèdəkéiʃən] *n.* 약, 약물

medical [médikəl] *a.* 의학[의료]의 → **medically** [médikəli] *ad.* 의학적으로

medicine [médəsin] *n.* 약 → **medicinal** [mədísənl] *a.* 의약의, 약효가 있는

More Words

medical school 의과 대학	**medical science** 의학
medical field 의학 분야	**medical service** 의료 봉사

 수능 잡는 예문

- I should take this **medication** three times a day.
  나는 이 **약**을 하루에 3회 먹어야 한다.

- Many people still suffer from huge **medical** costs.
  많은 사람들이 아직도 엄청난 **의료**비용 때문에 고통 받는다.

- This **medicine** works well on headaches.
  이 **약**이 두통에 잘 듣는다.

● 앞에서 학습한 워드맵을 참고하여 다음 영어 단어의 우리말 뜻을 적어보세요.

indicate _____ → indication _____

→ indicative _____

→ indicator _____

★ battery indicator _____

dedicate _____ → dedication _____

★ be dedicated to _____

| 혼동 단어 |

medicate _____ → medication _____

medical _____ → medically _____

medicine _____ → medicinal _____

★ medical school _____

medical science _____

medical field _____

medical service _____

● 빈칸에 알맞은 단어를 넣어보세요.

01　What do the different colors in this graph _____?

이 그래프에서 다른 색깔들이 무엇을 **가리키는가**?

02　She _____ herself to looking after her Korean students.

그녀는 한국의 학생들을 돌보는 데 자기 자신을 **바쳤다**.

03　They were _____ _____ teaching their children.

그들은 그들의 아이들을 가르치는 **데 헌신했다**.

04　I should take this _____ three times a day.

나는 이 **약**을 하루에 3회 먹어야 한다.

05　Many people still suffer from huge _____ costs.

많은 사람들이 아직도 엄청난 **의료**비용 때문에 고통 받는다.

06　This _____ works well on headaches.

이 **약**이 두통에 잘 듣는다.

● 정답 p. 367

Unit 22. duct[duce] 이끌다 확장편

1. duct[duce] → produce

produce는 암컷이 뱃속에 있는 새끼를 앞(pro)으로 이끌어(duce) 내는 데서 유래하여 '생산하다, 만들어내다'라는 뜻이 된 단어이다. 이 produce는 나중에 명사로도 사용되어 특히 생산되어진 '농산물'을 의미하게 되었고, 여기에서 변형되어 생긴 product는 만들어 낸 '제품'을 뜻한다.

---

produce [prədjúːs] *v.* 생산하다, 만들어내다 [prɑ́dju:s] *n.* 농산물

→ **producer** [prədjúːsər] *n.* 생산자, 제작자

→ **product** [prɑ́dʌkt] *n.* 제품

→ **production** [prədʌ́kʃən] *n.* 생산(량), 제작

→ **productive** [prədʌ́ktiv] *a.* 생산적인

→ **productivity** [pròudʌktívəti] *n.* 생산성

→ **unproductive** [ʌ̀nprədʌ́ktiv] *a.* 비생산적인

More Words

reproduce [ri:prədjúːs] *v.* 복제[번식]하다 → **reproduction** [ri:prədʌ́kʃən] *n.* 복제(품), 번식

★ produce에서 파생된 reproduce는 다시(re) 생산하는 것을 의미하기에 '복제하다'와 '번식하다'라는 뜻으로 쓰이게 되었다.

 수능 잡는 예문

- Pablo Picasso **produced** many great paintings.
  파블로 피카소는 위대한 그림을 많이 **만들어냈다**.

- I want to attract public interest for a new **product**.
  나는 신**제품**에 대해 대중의 흥미를 끌고 싶다.

- Multitasking makes me feel more **productive**.
  여러 가지 일을 하는 것이 나를 더 **생산적**으로 느끼게 한다.

- The copy machine **reproduces** colors very well
  이 복사기는 색상을 아주 잘 **복사한다**.

2. duc(ate) → educate

educate는 duce에 -ate를 붙인 후(ducate: 이끌다) 앞에 '밖'을 의미하는 e-가 붙어서 생기게 된 단어이다. 이 educate는 집에서 기르던 아이들이 어느 정도 컸을 때 밖(e)으로 이끌고(ducate) 나와 동물을 먹이고 밭을 일구는 것에서 유래되어 '교육하다, 가르치다'라는 뜻이 되었다.

---

educate [édʒukèit] *v.* 교육하다, 가르치다
> → **educat**ed [édʒukèitid] *a.* 교육받은, 학식 있는
> → **educat**or [édʒukèitər] *n.* 교육자
> → **educat**ion [èdʒukéiʃən] *n.* 교육
> → **educat**ional [èdʒukéiʃənl] *a.* 교육적인
> → un**educat**ional [ʌnèdʒukéiʃənl] *a.* 비교육적인

More Words

PE(= Physical Education) 체육

 수능 잡는 예문

- He helps to **educate** children in need.
  그는 어려움에 처한 아이들을 **교육하는** 것을 돕는다.

- They should spend more money on **education**.
  그들은 **교육**에 더 많은 돈을 써야 한다.

- We started an **educational** program about planting trees.
  우리는 나무를 심는 것에 대한 **교육** 프로그램을 시작했다.

● 앞에서 학습한 워드맵을 참고하여 다음 영어 단어의 우리말 뜻을 적어보세요.

produce _____ → producer _____

→ product _____

→ production _____

→ productive _____

→ productivity _____

→ unproductive _____

★reproduce _____ → reproduction _____

educate _____ → educated _____

→ educator _____

→ education _____

→ educational _____

→ uneducational _____

★PE(= Physical Education) _____

● 빈칸에 알맞은 단어를 넣어보세요.

01 Pablo Picasso _____ many great paintings.

파블로 피카소는 위대한 그림을 많이 **만들어냈다**.

02 I want to attract public interest for a new _____.

나는 신**제품**에 대해 대중의 흥미를 끌고 싶다.

03 Multitasking makes me feel more _____.

여러 가지 일을 하는 것이 나를 더 **생산적**으로 느끼게 한다.

04 The copy machine _____ colors very well.

이 복사기는 색상을 아주 잘 **복사한다**.

05 He helps to _____ children in need.

그는 어려움에 처한 아이들을 **교육하는** 것을 돕는다.

06 They should spend more money on _____.

그들은 **교육**에 더 많은 돈을 써야 한다.

07 We started an _____ program about planting trees.

우리는 나무를 심는 것에 대한 **교육** 프로그램을 시작했다.

● 정답 p. 367

1. vent[vene] → convene

convene은 함께 온다고 하여 사람들이 모이는 '소집하다'라는 뜻이 된 단어이다. 이 단어에서 파생된 convention은 모이는 '집회'와 집회에서 결정하게 된 '조약[협약]'이라는 뜻이 되었고, 또 결정하게 된 것을 계속에서 지켜나가는 '관습'이라는 뜻도 지니게 되었다. 그래서 conventional은 계속해서 지켜나가는 것을 표현한 '관습적인, 전통의'라는 뜻이 되었고, unconventional은 이와 반대로 전통을 무시하고 새로운 것을 추구하는 '틀에 박히지 않은, 독특한'이라는 뜻이 되었다.

convene [kənvíːn] *v.* 소집하다

→ **convent**ion [kənvénʃən] *n.* 집회, 조약[협약], 관습

→ **convent**ional [kənvénʃənl] *a.* 관습적인, 틀에 박힌

→ **convent**ionally [kənvénʃənəli] *ad.* 관습적으로, 진부하게

→ un**convent**ional [ʌnkənvénʃənl] *a.* 틀에 박히지 않은, 독특한

→ un**convent**ionally [ʌnkənvénʃənəli] *ad.* 독창적으로

수능 잡는 예문

- Most nations follow the Geneva **Convention**.
  대부분의 나라들이 제네바 **협약**을 따른다.

- They'll never beat the competition with their **conventional** methods.
  그들의 **관습적인** 방법으로는 결코 경쟁에서 이길 수 없을 것이다.

- Thinking **unconventionally** can help you solve difficult problems.
  독창적으로 생각하는 것은 어려운 문제를 해결하는 데 도움이 될 수 있다.

2. veni → convenient / souvenir / revenue

vene이 다른 나라에서는 veni로 변형되었고, 여기서 확장되어 convenient라는 단어가 만들어졌다. (-ent[ant]를 붙여서 형용사를, -ence[ance]를 붙여서 명사를 만든다.) convenient는 함께(con) 온다(veni)는 뜻에서 유래하여 먼 거리를 함께 동반하여 오는 데서 연상할 수 있는 '편리한'이라는 뜻을 가지게 된 형용사이다.

convenient [kənvíːnjənt] *a.* 편리한
- → **conveniently** [kənvíːnjəntli] *ad.* 편리하게
- → **convenience** [kənvíːnjəns] *n.* 편의, 편리
- → in**convenient** [inkənvíːnjənt] *a.* 불편한
- → in**conveniently** [inkənvíːnjəntli] *ad.* 불편하게
- → in**convenience** [inkənvíːnjəns] *n.* 불편

souvenir는 마음속 가장 밑(sou)에서부터 생각이 떠오를(veni) 수 있게 한다고 하여 '기념품'을 뜻하게 되었다.

souvenir [sùːvəníər] *n.* 기념품

revenue는 다시(re) 돌아오는(ven) 돈을 의미하여 '소득, 수입'이라는 뜻이 되었다.

revenue [révənjùː] *n.* 소득, 수입

More Words
convenience store (고객의 편의를 위해 있는) 편의점

- Shopping at the supermarket is **convenient**.

  슈퍼마켓에서 쇼핑하는 것은 **편리하다**.

- For your **convenience**, this service is available 24 hours a day.

  당신의 **편의**를 위해, 이 서비스를 하루 24시간 이용할 수 있습니다.

- We ate traditional foods and bought some **souvenirs**.

  우리는 전통 음식을 먹었고 약간의 **기념품**을 샀다.

Word Mapping

● 앞에서 학습한 워드맵을 참고하여 다음 영어 단어의 우리말 뜻을 적어보세요.

convene _____ → convention _____

→ conventional _____

→ conventionally _____

→ unconventional _____

→ unconventionally _____

convenient _____ → conveniently _____

→ convenience _____

→ inconvenient _____

→ conveniently _____

→ inconvenience _____

★ convenience store _____

souvenir _____

revenue _____

● 빈칸에 알맞은 단어를 넣어보세요.

01 Most nations follow the Geneva _____.

대부분의 나라들이 제네바 **협약**을 따른다.

02 They'll never beat the competition with their _____ methods.

그들의 **관습적인** 방법으로는 결코 경쟁에서 이길 수 없을 것이다.

03 Thinking _____ can help you solve difficult problems.

독창적으로 생각하는 것은 어려운 문제를 해결하는 데 도움이 될 수 있다.

04 Shopping at the supermarket is _____.

슈퍼마켓에서 쇼핑하는 것은 **편리하다**.

05 For your _____, this service is available 24 hours a day

당신의 **편의**를 위해, 이 서비스를 하루 24시간 이용할 수 있습니다.

06 We ate traditional foods and bought some _____.

우리는 전통적인 음식을 먹었고 약간의 **기념품**을 샀다.

● 정답 p. 367

Unit 24 mote[move] 움직이다 확장편

1. mote[move] → movement

move는 '움직이다'라는 뜻이고, 이 뜻이 확장되어 '이동하다'라는 뜻과 사람의 마음을 움직인다고 하여 '감동시키다'라는 뜻도 지니게 된 단어이다. movement는 사람이 신체적으로 움직이는 '움직임, 동작'을 의미하기도 하지만 자신의 권리를 찾기 위해 움직이는 '운동'을 지칭하기도 한다.

> **move** [muːv] *v.* 움직이다, 이동하다, 감동시키다
> → **movement** [múːvmənt] *n.* 움직임, 동작, 운동
> → **movable** [múːvəbl] *a.* 움직이는
> → **immovable** [imúːvəbl] *a.* 부동의, 고정된

More Words

be moved by ~에 감동받다
independence/social movement 독립/사회 운동

★ 교과서에 나오는 move 관련 숙어

on the move 여행 중에
move around 돌아다니다
move into ~로 이사 오다[이주하다]
move on (to) (계속) ~해서 넘어가다, 옮겨 가다

수능 잡는 예문

- Geese **move** to warmer areas in winter.
  거위는 겨울에 따뜻한 곳으로 **이동한다**.

- It feels like the man is watching my every **movement**.
  그 남자가 내 모든 **동작**을 보고 있는 것 같다.

- On this issue, she is completely **immovable**.
  이 쟁점에 대해서는 그녀는 완전히 **요지부동**이다.

2. mote[move] → remove / mobile

remove는 보이지 않게 뒤(re)로 멀리 이동시킨다는 뜻에서 현재는 아예 보이지 않게 없애 버리는 '제거하다, 지우다'라는 뜻이 되었다. remove에서 변형되어 나온 remote 는 보이지 않을 정도로 멀리 있는 것을 표현하여 '먼, 외진'이라는 뜻이 되었다.

---

remove [rimúːv] *v.* 제거하다, 지우다

→ **remover** [rimúːvər] *n.* 제거제

→ **removal** [rimúːvəl] *n.* 제거

→ **remote** [rimóut] *a.* 먼, 외진

---

move에서 변형되어 생긴 mob에 -ile(형용사형 어미)가 붙어서 생긴 mobile은 고 정되지 않고 움직이는 것을 의미하여 '이동하는'이라는 뜻이 된 단어이다.

---

mobile [móubəl] *a.* 이동하는

→ **mobility** [moubíləti] *n.* 이동성, 유동성

→ **mobilize** [móubəlàiz] *v.* 동원하다

More Words

remote control 리모컨 ＊멀리 있는 것을 제어하는 장치

mobile phone 휴대전화(= cell phone) ＊움직이면서 사용하는 전화

automobile 자동차(= car) ＊스스로 움직이는 차

수능 잡는 예문

- The rain forest **removes** carbon dioxide from the atmosphere.
  열대우림은 대기 중에서 이산화탄소를 **제거한다**.

- She lives in a **remote** part of the city.
  그녀는 도시에서 **멀리 떨어진** 지역에 산다.

- The greatest invention may be the **automobile**.
  가장 훌륭한 발명품은 **자동차**일 것이다.

● 앞에서 학습한 워드맵을 참고하여 다음 영어 단어의 우리말 뜻을 적어보세요.

---

move _____ → movement _____

→ movable _____

→ immovable _____

★ be moved by _____

independence/social movement _____

on the move _____

move around _____

move into _____

move on (to) _____

---

remove _____ → remover _____

→ removal _____

→ remote _____

★ remote control _____

---

mobile _____ → mobility _____

→ mobilize _____

★ mobile phone _____

automobile _____

● 빈칸에 알맞은 단어를 넣어보세요.

01 Geese _____ to warmer areas in winter.
거위는 겨울에 따뜻한 곳으로 **이동한다**.

02 It feels like the man is watching my every _____.
그 남자가 내 모든 **동작**을 보고 있는 것 같다.

03 On this issue, she is completely _____.
이 쟁점에 대해서는 그녀는 완전히 **요지부동**이다.

04 The rain forest _____ carbon dioxide from the atmosphere.
열대우림은 대기 중에서 이산화탄소를 **제거한다**.

05 She lives in a _____ part of the city.
그녀는 도시에서 **멀리 떨어진** 지역에 산다.

06 The greatest invention may be the _____.
가장 훌륭한 발명품은 **자동차**일 것이다.

● 정답 p. 367

cept[ceive] 잡다 [확장편]

1. cept[ceive] → accept / except

accept는 상대방이(ac) 건네는 것을 잡는다고(cept) 하여 '받아들이다, 수락하다'라는 뜻이 된 단어이다. 생기초편의 단어들과는 달리 accept의 명사형은 acceptance(수락)이고, 형용사형은 acceptable(용인되는)이다.

---

accept [æksépt] *v.* 받아들이다, 수락하다
→ **accept**ance [ækséptəns] *n.* 수락
→ **accept**able [ækséptəbl] *a.* (사회적으로) 용인되는
→ un**accept**able [ʌnækséptəbl] *a.* 용인[용납]되지 않는

---

except는 잡고 있는 것을 밖으로 빼다고 하여 '제외하다'라는 동사의 뜻으로도 사용은 하지만 전치사인 '~을 제외하고'라는 뜻으로 훨씬 많이 쓰이니 이 점을 꼭 기억하자.

---

except [iksépt] *v.* 제외하다 *prep.* ~을 제외하고(= except for)
→ **except**ion [iksépʃən] *n.* 예외 (사항)
→ **except**ional [iksépʃənl] *a.* 예외적인, 빼어난

More Words

with the exception of ~을 제외하고

수능 잡는 예문

- He applied to five colleges and was **accepted** by all of them.
  그는 다섯 개의 대학에 지원했고 모든 곳에서 **입학 허가를 받았다**.

- It is not **acceptable** to give money as a gift.
  선물로서 돈을 주는 것은 **용인되지** 않는다.

- Everyone in my family goes to church **except for** me.
  우리 가족은 나를 **제외하고** 모두 교회에 다닌다.

- Any **exceptions** must be approved first by your family.
  어떤 **예외적인 사항**이든 먼저 가족의 승인을 받아야 한다.

2. capt[cap] → capture / caption / captive / capable

나중에는 cept가 capt로 변형되어 사용하게 되었다. 여기서 파생된 capture는 시선이나 장면을 잡는다고 하여 '잡다, 포착하다'라는 뜻이 되었다.

capt**ure** [kǽptʃər] *v.* 잡다, 포착하다

caption은 이렇게 장면을 포착한 사진 등에 붙인 '설명'을 뜻한다.

capt**ion** [kǽpʃən] *n.* (사진 등에 붙인) 설명

또 capt에서 파생된 captive는 형용사로는 '사로잡힌'이라는 뜻과 명사로는 잡혀진 사람인 '포로'라는 뜻을 지니게 되었다.

capt**ive** [kǽptiv] *a.* 사로잡힌 *n.* 포로
→ **cap**t**ivate** [kǽptəvèit] *v.* 마음을 사로잡다
→ **cap**t**ivation** [kæptəvéiʃən] *n.* 매혹

capt를 줄인 cap에 -able이 붙어서 생긴 capable은 최대한 잡아낼(cap) 수 있다는 (able) 의미에서 '능력 있는'이라는 뜻이 되었고, capacity는 최대한 잡아넣을 수 있는 '용량, 능력'이라는 뜻으로 사용하게 되었다.

capable [kéipəbl] *a.* 능력 있는, 유능한

→ **capability** [kèipəbíləti] *n.* 능력

→ **capacity** [kəpǽsəti] *n.* 용량, 능력

More Words

capture one's attention ~의 주의를 끌다

be capable of ~할 수 있다

be incapable of ~할 수 없다

수능 잡는 예문

- They use creative ideas to find ways to **capture** people's **attention**.

  그들은 사람들의 **주의를 끄는** 방법을 찾기 위해 창의적인 아이디어를 사용한다.

- The audience was **captivated** by his performance.

  관객들은 그의 연주에 **사로잡혔다**.

- We **are capable of** doing absolutely anything.

  우리는 절대적으로 모든 것을 다 **할 수 있다**.

● 앞에서 학습한 워드맵을 참고하여 다음 영어 단어의 우리말 뜻을 적어보세요.

accept _____ → acceptance _____

→ acceptable _____

→ unacceptable _____

except _____ → exception _____

→ exceptional _____

★ with the exception of _____

capture _____

★ capture one's attention _____

caption _____

captive _____ → captivate _____

→ captivation _____

capable _____ → capability _____

→ capacity _____

★ be capable of _____

be incapable of _____

● 빈칸에 알맞은 단어를 넣어보세요.

01 He applied to five colleges and was _____ by all of them.

그는 다섯 개의 대학에 지원했고 모든 곳에서 **입학 허가를 받았다**.

02 It is not _____ to give money as a gift.

선물로서 돈을 주는 것은 **용인되지** 않는다.

03 Everyone in my family goes to church _____ _____ me.

우리 가족은 나를 **제외하고** 모두 교회에 다닌다.

04 Any _____ must be approved first by your family.

어떤 **예외적인 사항**이든 먼저 가족의 승인을 받아야 한다.

05 They use creative ideas to find ways to _____ people's _____.

그들은 사람들의 **주의를 끄는** 방법을 찾기 위해 창의적인 아이디어를 사용한다.

06 The audience was _____ by his performance.

관객들은 그의 연주에 **사로잡혔다**.

07 We _____ _____ _____ doing absolutely anything.

우리는 절대적으로 모든 것을 다 **할 수 있다**.

● 정답 p. 367

se[ss]의 법칙

① 생기초편에서는 se[ss]로 끝나는 단어는 t의 법칙과 마찬가지로 동사이기 때문에 명사를 만들 때 -ion을 붙였고, 형용사와 사람, 사물을 나타낼 때는 각각 -ive, -or를 붙였다.

② 확장편에서 다룰 단어들은 이러한 법칙이 적용되는 경우와 그렇지 않은 경우가 있다.

③ 확장편에서는 하나의 어근에서 변형되어 생겨난 다양한 단어들을 한 번에 연결해서 학습할 수 있다.

생기초편 예〉

> **vise[vide]** 보다
> → **super**vise *v.* 감독하다 → **super**vision *n.* 감독

확장편 예〉

> **vise[vide]** 보다
> → **ad**vise *v.* 충고하다 → **ad**vice *n.* 충고

1. vise[vide] → visual / visible

vise에서 파생되어 나온 visual은 눈으로 보는 것이라는 의미에서 '시각적인'이라는 뜻으로 사용하게 된 단어이고, visual에서 나온 visualize는 눈으로 보는 것이 아닌 마음으로 보고 그린다고 하여 '마음속에 그려보다'라는 뜻이 되었다.

visual [víʒuəl] *a.* 시각적인 *n.* 시각자료
→ **visually** [víʒuəli] *ad.* 시각적으로
→ **visualize** [víʒuəlàiz] *v.* 마음속에 그려보다, 상상하다
→ **visualization** [vìʒuəlaizéiʃən] *n.* 심상, 시각화

vise와 '할 수 있는'이라는 뜻의 -ible이 합쳐진 visible은 눈으로 볼 수 있다고 하여 '눈에 보이는'이라는 뜻이 되었고, invisible은 '보이지 않는'이라는 뜻이다.

visible [vízəbl] *a.* 눈에 보이는 → **invisible** [invízəbl] *a.* 보이지 않는

More Words

individual [ìndəvídʒuəl] *a.* 개인의 *n.* 개인
→ **individually** [ìndəvídʒuəli] *ad.* 개인적으로
→ **individuality** [ìndəvìdʒuǽləti] *n.* 개성

visual이 변형된 vidual에서 파생된 individual은 보이는(vidual) 것 중 분리(di)할 수 없는(in) 것을 지칭하는 말로 처음에는 '하나(1)'라는 뜻이었으나 현재는 분리할 수 없는 한 사람을 의미하는 '개인의, 개인'이라는 뜻이 되었다.

🔍 수능 잡는 예문

- You can use **visual** aids to make the story more interesting and memorable.
  더 재밌고 기억할 만한 이야기를 만들 수 있도록 **시각** 보조 교재를 사용할 수 있다.

- We **visualized** ourselves in a flying device.

  우리는 하늘을 나는 기구에 타고 있는 우리 자신을 **상상했다**.

- I interviewed each **individual** member of the company.

  나는 그 회사의 각각의 **개별** 구성원을 면담했다.

- The eagle made a **visible** effort to attack his prey.

  독수리는 먹이를 공격하기 위해 **눈에 보이는** 노력을 했다.

2. vise[vide] → advise / devise / evident

advise는 잘못된 행동을 보고(vise) 그쪽으로(ad) 가서 얘기를 해준다고 해서 '충고하다'라는 뜻이 되었다.

---

advise [ædváiz] *v.* 충고[조언]하다

      → **advis**er[**advis**or] [ædváizər] *n.* 고문자, 조언자

      → **advis**able [ædváizəbl] *a.* 권할 만한

      → **advi**ce [ædváis] *n.* 충고, 조언

---

devise는 물체의 각각의 구성 요소를 따로(de) 보며(vise) 새로운 것을 만들어낸다고 하여 '고안하다'라는 뜻이 되었고, 이렇게 고안하여 만들어낸 '장치'나 '도구'를 device 라고 한다.

---

devise [diváiz] *v.* 고안하다 → **devi**ce [diváis] *n.* 장치, 도구

---

vide에서 파생된 evident는 밖(e)에 확실하게 보이는(vide) 것을 의미하여 '분명한, 눈에 띄는'이라는 뜻이 된 단어이고, evidence는 확실히 보이기에 증명이 된 '증거'나 '흔적'을 뜻한다.

evident [évədənt] *a.* 분명한, 눈에 띄는

→ **evidently** [évədəntli] *ad.* 분명히, 눈에 띄게

→ **evidence** [évədəns] *n.* 증거, 흔적

- He **advised** her to be honest and open her heart.

  그는 그녀에게 정직하고 마음을 열라고 **조언했다**.

- We use electronic **devices** in everyday life.

  우리는 일상생활에서 **전자 장비들**을 이용한다.

- We have no physical **evidence** of the crime.

  우리에게는 그 범죄에 대한 물리적인 **증거**가 없다.

● 앞에서 학습한 워드맵을 참고하여 다음 영어 단어의 우리말 뜻을 적어보세요.

visual _____ → visually _____

                        → visualize _____

                        → visualization _____

★ individual _____ → individually _____

                        → individuality _____

visible _____ → invisible _____

advise _____ → adviser[advisor] _____

                        → advisable _____

                        → advice _____

devise _____ → device _____

evident _____ → evidently _____

                        → evidence _____

● 빈칸에 알맞은 단어를 넣어보세요.

01 You can use _____ aids to make the story more interesting and memorable.

더 재밌고 기억할 만한 이야기를 만들 수 있도록 **시각** 보조 교재를 사용할 수 있다.

02 We _____ ourselves in a flying device.

우리는 하늘을 나는 기구에 타고 있는 우리 자신을 **상상했다**.

03 I interviewed each _____ member of the company.

나는 그 회사의 각각의 **개별** 구성원을 면담했다.

04 The eagle made a _____ effort to attack his prey.

독수리는 먹이를 공격하기 위해 **눈에 보이는** 노력을 했다.

05 He _____ her to be honest and open her heart.

그는 그녀에게 정직하고 마음을 열라고 **조언했다**.

06 We use electronic _____ in everyday life.

우리는 일상생활에서 전자 **장비들**을 이용한다.

07 We have no physical _____ of the crime.

우리에게는 그 범죄에 대한 물리적인 **증거**가 없다.

● 정답 p. 367

miss [mit] 보내다 확장편

1. miss [mit] → commit

commit은 왕이 신하에게 자신의 권력을 함께(com) 보낸다(mit)고 하여 '위임하다'라는 뜻과, 신하가 맡은 바 임무에 최선을 다한다고 하여 '전념하다'라는 뜻이 되었다. 후에 신하가 막강해진 권력을 이용해 자기 멋대로 한다고 하여 '저지르다'라는 부정적인 뜻으로도 사용하게 되었다. 여기서 파생된 committee와 commission은 둘 다 '위원회'라는 뜻이 있지만 committee가 사람들이 모여서 만들게 된 위원회라면 commission은 정부로부터 위임을 받은 위원회로 보면 된다.

commit [kəmít] *v.* 위임하다, 전념[헌신]하다(to), 저지르다

→ **commitment** [kəmítmənt] *n.* 전념, 헌신

→ **committee** [kəmíti] *n.* 위원회

→ **commission** [kəmíʃən] *v.* 의뢰하다, 주문하다 *n.* 위임, 위원회, 수수료

More Words

commit a crime 범죄를 저지르다

commit suicide 자살하다

 수능 잡는 예문

• This show could not have succeeded without your **commitment**.

이 공연은 당신의 **헌신**이 없었더라면 성공하지 못했을 것이다.

• They will figure out a way to **commit the crime** without being caught.

그들은 잡히지 않고 **범죄를 저지르는** 방법을 알아낼 것이다.

• The government has set a **commission** of inquiry.

정부가 조사 **위원회**를 조성하였다.

2. miss[mit] → admit

admit은 검사를 한 후 안쪽 방향(ad)으로 보낸다(mit)고 하여 '입장을 허락하다'라는 뜻이 되었고, 그 후 내용이나 사실을 받아들이는 '인정하다'라는 뜻으로 쓰이게 되었다.

admit [ædmít] *v.* 입장을 허락하다, 인정[자백]하다

→ **admission** [ædmíʃən] *n.* 입장, 입학

More Words

admission fee 입장료   **admission letter** 입학 허가서

★ mit에서 파생된 것으로 혼동하기 쉬운 단어

summ → summit / summary

summit은 '꼭대기'를 의미하는 summ에서 파생된 단어이므로 '봉우리'와 '정상'이라는 뜻이 되었다. 역시 summ에서 나온 summary는 꼭대기에서 내려다보면 전체를 한 번에 보게 되므로 '요약'이라는 뜻이 되었다.

summit [sʌ́mit] *n.* 봉우리, 정상(회담)

summary [sʌ́məri] *n.* 요약 *a.* 간략한

→ **summarize** [sʌ́məràiz] *v.* 요약하다

sum [sʌm] *n.* 총합, 액수

🔍 수능 잡는 예문

- Even then he would not **admit** his mistakes.
  그래도 그는 자기의 실수를 **인정하려** 하지 않았다.

- The APEC **Summit** ended without reaching an agreement.
  APEC **정상회담**은 접점을 찾지 못한 채 결렬되었다.

- The following is a **summary** of our conclusions.
  다음은 우리의 결론을 **요약한 것**이다.

Word Mapping

● 앞에서 학습한 워드맵을 참고하여 다음 영어 단어의 우리말 뜻을 적어보세요.

commit _____ → commitment _____

→ committee _____

→ commission _____

★ commit a crime _____

commit suicide _____

admit _____ → admission _____

★ admission fee _____

admission letter _____

| 혼동 단어 |

summit _____

summary _____ → summarize _____

sum _____

● 빈칸에 알맞은 단어를 넣어보세요.

01 This show could not have succeeded without your
_____.

이 공연은 당신의 **헌신**이 없었더라면 성공하지 못했을 것이다.

02 They will figure out a way to _____ the crime without
being caught.

그들은 잡히지 않고 범죄를 **저지르는** 방법을 알아낼 것이다.

03 The government has set a _____ of inquiry.

정부가 조사 **위원회**를 조성하였다.

04 Even then he would not _____ his mistakes.

그래도 그는 자기의 실수를 **인정하려** 하지 않았다.

05 The APEC _____ ended without reaching an
agreement.

APEC **정상회담**은 접점을 찾지 못한 채 결렬되었다.

06 The following is a _____ of our conclusions.

다음은 우리의 결론을 **요약한 것**이다.

● 정답 p. 367

tent[tend] 뽑다 확장편

1. tent[tend] → attend

생기초편에서 tend는 '뽑다'라는 뜻이고 변형된 단어가 tense라고 했다. 확장편에서는 이 tend에서 변형된 또 다른 형태인 tent 및 각종 파생어들을 학습하겠다.

attend는 신하가 높은 사람 쪽으로(at) 귀를 뽑으며(tend) 명령을 기다린다고 하여 '주의를 기울이다'라는 뜻과 이렇게 명령을 듣고 따르는 '시중들다'라는 뜻이 되었다. 후에는 부르면 그 자리로 가는 '참석하다, 출석하다'라는 뜻도 나오게 되었으며, 이 단어가 attent로 바뀐 후 다시 파생된 attention은 '주의, 관심'이라는 뜻이 되었다.

attend [əténd] *v.* 주의를 기울이다(to), 시중들다(on), ~에 참석하다, 출석하다

→ **attend**ance [əténdəns] *n.* 참석, 출석

→ **attend**ant [əténdənt] *n.* 안내원

→ **atten**tion [əténʃən] *n.* 주의, 관심

→ **atten**tive [əténtiv] *a.* 주의 깊은, 신경 쓰는

→ **atten**tiveness [əténtivnis] *n.* 주의 깊음

More Words

flight attendant 승무원　　　**pay attention to** ~에 주의를 기울이다

 수능 잡는 예문

- We provide bicycles for students so that they can **attend** school.　우리는 학생들이 학교에 **출석할** 수 있도록 자전거를 제공하고 있다.

- She wanted to be a **flight attendant**.
  그녀는 **승무원**이 되기를 원했다.

- You should **pay attention to** the details when shopping for home appliances.　가전제품을 구매할 때는 세부사항에 **주의를 기울여야** 한다.

- He should be more **attentive** to the needs of his family.
  그는 가족들이 필요로 하는 것에 더 **신경 써야** 한다.

2. tent[tend] → intend / contend

intend는 자신의 생각 안(in)에서 무엇을 할지 뻗어(tend) 놓은 것을 의미하여 '의도하다'라는 뜻이 되었다. 여기서 파생된 intent는 명사로는 '의도'라는 뜻이며, 어떠한 일에 자신의 의도가 가득 담겨진 것을 표현하여 '열중하는'이라는 형용사로도 쓰인다.

intend [inténd] v. 의도[의미]하다
- → **intent** [intént] n. 의도 a. 열중하는
- → **intent**ly [inténtli] ad. 여념 없이, 꼼꼼히
- → **intent**ion [inténʃən] n. 의도
- → **intent**ional [inténʃənl] a. 의도적인, 고의인
- → **intent**ionally [inténʃənəli] ad. 의도적으로
- → un**intent**ional [ʌninténʃənl] a. 의도치 않은, 무심코 한
- → un**intent**ionally [ʌninténʃənəli] ad. 무심코

contend는 다른 종족끼리 함께(con) 땅을 차지하려 세력을 뻗는다(tend)고 하여 '싸우다'라는 뜻이 된 단어로, intend의 경우와 달리 형용사형이 contentious이다.

contend [kənténd] v. 다투다, 논쟁하다, 주장하다(that)
- → **contend**er [kənténdər] n. 도전자, 경쟁자
- → **content**ion [kənténʃən] n. 다툼, 논쟁
- → **content**ious [kənténʃəs] a. 다투기 좋아하는, 논쟁하는
- → **content**iously [kənténʃəsli] ad. 논쟁적으로

수능 잡는 예문

- It is clear to him what the ad **intends**.
  그 광고가 **의도하는** 것이 무엇인지 그에게는 확실하다.

- You need to do so **intentionally**. 너는 **의도적으로** 그렇게 할 필요가 있다.

- I have many problems to **contend** with. 나는 **싸워야 할** 많은 문제가 있다.

● 앞에서 학습한 워드맵을 참고하여 다음 영어 단어의 우리말 뜻을 적어보세요.

attend _____ → attendance _____

→ attendant _____

→ attention _____

→ attentive _____

→ attentiveness _____

★ flight attendant _____

pay attention to _____

intend _____ → intent _____

→ intently _____

→ intention _____

→ intentional _____

→ intentionally _____

→ unintentional _____

→ unintentionally _____

contend _____ → contender _____

→ contention _____

→ contentious _____

→ contentiously _____

● 빈칸에 알맞은 단어를 넣어보세요.

01 We provide bicycles for students so that they can
_____ school.

우리는 학생들이 학교에 **출석할** 수 있도록 자전거를 제공하고 있다.

02 She wanted to be a _____ _____.

그녀는 **승무원**이 되기를 원했다.

03 You should pay _____ to the details when shopping
for home appliances.

가전제품을 구매할 때는 세부사항에 **주의**를 기울여야 한다.

04 He should be more _____ to the needs of his family.

그는 가족들이 필요로 하는 것에 더 **신경 써야** 한다.

05 It is clear to him what the ad _____.

그 광고가 **의도하는** 것이 무엇인지 그에게는 확실하다.

06 You need to do so _____.

너는 **의도적으로** 그렇게 할 필요가 있다.

07 I have many problems to _____ with.

나는 **싸워야** 할 많은 문제가 있다.

● 정답 p. 367

press 누르다 _{확장편}

1. press → impress

impress는 어떠한 대상을 마음속 안(im)에 깊게 새겨 눌러(press) 놓는다고 하여 '인상[감명]을 주다'라는 뜻이 된 단어이다. 이 단어에서 파생된 impression은 '인상, 감명'이라는 뜻이고, impressionism은 사물을 있는 그대로 그리는 것이 아닌 사물에서 순간순간마다 받게 되는 인상을 통해 작품을 그리는 '인상주의'를 의미하게 되었으며, 이러한 화가를 impressionist라 부르게 되었다.

---

impress [imprés] *v.* 인상[감명]을 주다
- → **impress**ed [imprést] *a.* 감명받은
- → **impress**ive [imprésiv] *a.* 인상적인, 감동적인
- → **impress**ion [impréʃən] *n.* 인상, 감명
- → **impress**ionism [impréʃənìzm] *n.* 인상파, 인상주의
- → **impress**ionist [impréʃənist] *n.* 인상파 화가

More Words

first impression 첫인상

 수능 잡는 예문

- They were **impressed** by his lectures.
  그들은 그의 강의에 **감명을 받았다.**

- His works have made a deep **impression** on us.
  그의 작품들은 우리에게 깊은 **감명**을 주었다.

- The art museum displays **Impressionist** paintings.
  그 미술관은 **인상파 화가의** 그림들을 전시한다.

2. press → express / print

express는 눌러서(press) 밖(ex)으로 나오게 만드는 데서 유래된 단어이다. 자신의 생각을 짜내서 밖으로 말한다고 하여 '표현하다'라는 뜻이 되었다. 이 express는 나중에 전체적인 내용을 보고 한 번에 표현하는 것처럼 한 번에 빠르게 끝내는 '신속한'이라는 형용사의 뜻도 지니게 되었다.

express [iksprés] *v.* 표현하다 *a.* 신속한, 분명한
→ **expression** [ikspréʃən] *n.* 표현
→ **expressive** [iksprésiv] *a.* 표현하는
→ **expressly** [iksprésli] *ad.* 분명히

press에서 변형되어 나온 print도 누른다는 의미가 확장되어 '인쇄하다'라는 뜻이 되었다. 여기서 파생된 imprint는 안으로 누른다는 의미에서 '새겨 넣다'라는 뜻으로 쓰인다.

print [print] *v.* 인쇄하다, 출간하다
→ **printer** [príntər] *n.* 인쇄기
→ **imprint** [ímprint] *v.* 새겨 넣다

More Words

express train 급행열차   **express bus** 고속버스
print out 출력하다   **footprint** [fútprìnt] *n.* 발자국
        blueprint [blú:prìnt] *n.* 청사진

 수능 잡는 예문

- I don't know how to **express** my feelings in my diary.
  나의 감정을 일기장에 어떻게 **표현할지** 모르겠다.

- She got up early in order to catch the first **express train**.
  그녀는 첫 번째 **급행열차**를 타기 위해 일찍 일어났다.

- Go to the ticket machine and then **print out** your movie ticket.
  티켓 발매기로 가서 너의 영화 티켓을 **출력해라**.

● 앞에서 학습한 워드맵을 참고하여 다음 영어 단어의 우리말 뜻을 적어보세요.

impress _____ → impressed _____

→ impressive _____

→ impression _____

→ impressionism _____

→ impressionist _____

★ first impression _____

express _____ → expression _____

→ expressive _____

→ expressly _____

★ express train _____

express bus _____

print _____ → printer _____

→ imprint _____

★ print out _____

footprint _____

blueprint _____

Review Test

● 빈칸에 알맞은 단어를 넣어보세요.

01 They were _____ by his lectures.
그들은 그의 강의에 **감명을 받았다**.

02 His works have made a deep _____ on us.
그의 작품들은 우리에게 깊은 **감명**을 주었다.

03 The art museum displays _____ paintings.
그 미술관은 **인상파 화가**의 그림들을 전시한다.

04 I don't know how to _____ my feelings in my diary.
나의 감정을 일기장에 어떻게 **표현할지** 모르겠다.

05 She got up early in order to catch the first _____
_____.
그녀는 첫 번째 **급행열차**를 타기 위해 일찍 일어났다.

06 Go to the ticket machine and then _____
_____ your movie ticket.
티켓 발매기로 가서 너의 영화 티켓을 **출력해라**.

● 정답 p. 368

gress[grade] 가다 확장편

1. gress[grade] → grade

gress의 원형인 grade는 원래 '가다'라는 뜻이었으나 현재는 명사로 쓰여 한 단계씩 밟아 가는 '성적', 한 학년씩 올라가는 '학년'이라는 뜻이 되었다. 이 단어에서 나온 upgrade는 위(up)로 올라간다는(grade) 의미에서 무언가가 좋아지는 '개선하다'라는 뜻이 되었고, degrade는 아래(de)로 가게(grade) 만든다고 하여 '강등하다'라는 뜻과 아래로 가면서 부서지거나 무너지는 '분해하다, 침식하다'라는 뜻이 되었다.

---

grade [greid] *n.* 성적, 학년, 등급

→ **upgrade** [ʌ́pgrèid] *v.* 개선하다 *n.* 향상

→ **degrade** [digréid] *v.* 강등하다, 분해[침식]하다

→ **degradable** [digréidəbl] *a.* 분해할 수 있는

More Words

biodegrade [bàioudigréid] *v.* 자연[생물] 분해되다

→ **biodegradable** [bàioudigréidəbl] *a.* 자연[생물] 분해성의

photodegrade [fòutoudigréid] *v.* 광분해하다

degrade에서 나온 biodegrade는 살아(bio)있기에 자연스럽게 분해가 되는 '자연[생물] 분해되다'라는 뜻이고, photodegrade는 빛(photo)으로 분해하는 '광분해하다'라는 뜻이다.

수능 잡는 예문

• He got a bad **grade** on the test.

그녀는 시험에서 안 좋은 **성적**을 받았다.

• She was able to **upgrade** the quality of her performance.

그녀는 공연의 질을 **개선시킬** 수 있었다.

• The paper plate is **biodegradable** but the plastic bag is not **biodegradable**.

종이 접시는 **자연 분해될 수** 있지만 비닐봉지는 **자연 분해되지** 않는다.

2. gradu → gradual / graduate
gredi → ingredient

grade가 변형된 gradu에 형용사 접미사 -al이 붙어서 생긴 gradual은 조금씩 앞으로 가는 '점진적인'이라는 뜻이다.

gradual [grǽdʒuəl] *a.* 점진적인
→ **gradually** [grǽdʒuəli] *ad.* 점진적으로, 점점

gradu에 동사형 접미사 -ate가 붙은 graduate는 특히 학교에서 끝까지 가면(gradu) 도달하게 된다는 의미에서 '졸업하다'라는 뜻이 되었다.

graduate [grǽdʒuèit] *v.* 졸업하다(from) [grǽdʒuət] *n.* 졸업생
→ **graduation** [grǽdʒuéiʃən] *n.* 졸업

grade가 변형된 gredi에서 파생된 ingredient는 음식이나 제품을 만들 때 안(in)에 들어가는(gredi) 것을 의미하여 '재료'나 '성분'이란 뜻이 된 단어이다.

ingredient [ingríːdiənt] *n.* 재료, 성분

More Words

graduate school 대학원　　**graduate student** 대학원생

 수능 잡는 예문

- As she became older, she **gradually** lost her hearing.
  나이가 들면서 그녀는 **점점** 청력을 잃어버렸다.

- When I **graduated** from art school, I was ecstatic.
  내가 미술학교를 **졸업했을 때** 나는 너무 행복했다.

- I usually go to the market to buy **ingredients** for her.
  나는 대개 그녀가 원하는 **재료**를 사기 위해 시장에 간다.

● 앞에서 학습한 워드맵을 참고하여 다음 영어 단어의 우리말 뜻을 적어보세요.

grade _____ → upgrade _____

                                   → degrade _____

                                   → degradable _____

★biodegrade _____ → biodegradable _____

  photodegrade _____

gradual _____ → gradually _____

graduate _____ → graduation _____

★graduate school _____

  graduate student _____

ingredient _____

Review Test

● 빈칸에 알맞은 단어를 넣어보세요.

01   He got a bad _____ on the test.

그녀는 시험에서 안 좋은 **성적을** 받았다.

02   She was able to _____ the quality of her performance.

그녀는 공연의 질을 **개선시킬** 수 있었다.

03   The paper plate is _____ but the plastic bag is not

_____ .

종이접시는 **자연 분해될 수 있지**만 비닐봉지는 **자연 분해되지** 않는다.

04   As she became older, she _____ lost her hearing.

나이가 들면서 그녀는 **점점** 청력을 잃어버렸다.

05   When I _____ from art school, I was ecstatic.

내가 미술학교를 **졸업했을** 때 나는 너무 행복했다.

06   I usually go to the market to buy _____ for her.

나는 대개 그녀가 원하는 **재료를** 사기 위해 시장에 간다.

정답 p. 368

ate와 ite의 법칙

① ate와 ite 역시 t의 법칙처럼 처음에는 단어 맨 뒤에 붙어 동사 형태를 만들었으나 여러 나라를 거쳐 다시 영어에 사용되면서 ate나 ite가 붙은 형용사나 명사도 생겨나게 되었다.

② ate나 ite가 붙어서 만들어진 단어가 동사와 형용사로 모두 사용되는 경우도 있다.

③ ate가 붙어서 만들어진 단어들은 기본이 동사였기에 현재도 동사로 가장 많이 쓰인다.

④ ate가 붙어서 만들어진 동사는 특별한 경우를 제외하고는 t의 법칙과 마찬가지로 -ion, -ive, -or 등이 붙어 다른 품사의 단어가 파생된다.

⑤ 여기서는 ate나 ite로 끝나는 다양한 품사의 단어를 자세히 살펴보고, 비록 작은 비중을 차지할지라도 교과서에 나온 단어들까지 확실히 학습하겠다.

ate

1. ate가 동사형 어미로 사용된 단어와 그 파생어

❶ cre → create

cre는 '낳다'라는 뜻을 지녔던 단어였다. 이 단어에 -ate가 붙어서 생긴 create는 동사로 새로운 것을 낳는다고 하여 '창조하다'라는 뜻과 '만들어내다'라는 뜻으로 사용하게 되었다. create에서 파생된 recreate는 다시(re) 만들어낸다(create)고 하여 '재현하다'라는 뜻과 안 좋은 기분을 다시 좋게 만든다고 하여 '즐겁게 하다'라는 뜻이 되었다.

create [kriéit] *v.* 창조하다, 만들어내다
- → **creat**ion [kriéiʃən] *n.* 창조
- → **creat**or [kriéitər] *n.* 창조자
- → **creat**ure [kríːtʃər] *n.* 생물, 창조된 것
- → **creat**ive [kriéitiv] *a.* 창조적인, 창의적인
- → **creat**ively [kriéitivli] *ad.* 창의적으로
- → **creat**ivity [krìːeitívəti] *n.* 창의성
- → **re**create [rékrièit] *v.* 재현하다, 즐겁게 하다
- → **re**creation [rèkriéiʃən] *n.* 재현, 오락
- → **re**creational [rèkriéiʃənəl] *a.* 오락의, 기분 전환의

More Words

increase [inkríːs] *v.* 증가하다 [ínkriːs] *n.* 증가
decrease [dikríːs] *v.* 감소하다 [díːkriːs, dikríːs] *n.* 감소

어근인 cre는 '낳다'라는 뜻이 확장되어 나중에는 낳은 후 크게 되는 '자라다'라는 뜻도 생기게 되었다. 여기서 나온 increase는 안(in)에서 점점 자라게(cre) 된다고 하여 '증가하다'라는 뜻이고, decrease는 반대로 작아지는 '감소하다'라는 뜻이다.

🔍 수능 잡는 예문

- He decided to **create** more tourist attractions.
  그는 관광명소를 더 **만들어내기**로 결심했다.

- Many people are pleased by their **creative** hair styles.

  많은 사람들이 그들의 **창의적인** 헤어스타일에 만족해한다.

- We want scientists to use their **creativity** for poor people.

  우리는 과학자들이 그들의 **창의성**을 가난한 사람들을 위해 사용하기를 원한다.

- We have done everything we can to **increase** our profit.

  우리는 이익을 **증가시키기** 위해 할 수 있는 모든 것을 해 놓았다.

❷ nate → national / native / innate

nate는 '태어나다'라는 뜻의 동사였으나 현대영어에서는 쓰이지 않는 단어이다. 이 단어에서 나온 nation은 한 나라에서 태어나게 된 집합적인 '국민'을 의미하게 되었고, 또 이러한 국민이 세운 '국가'라는 뜻도 되었다.

nation [néiʃən] *n.* 국민, 국가

→ **national** [næʃənl] *a.* 국가의, 국립의, 전국적인

→ **nationally** [næʃənəli] *ad.* 전국적으로

→ **international** [intərnæʃənəl] *a.* 국제적인

→ **internationally** [intərnæʃənəli] *ad.* 국제적으로

native는 한 장소에서 원래부터 태어난 사람을 표현하여 '원주민의, 모국어의'라는 뜻이 생기게 된 단어이고, nature는 태어난 그대로를 의미하여 '자연'이라는 뜻과 있는 그대로 가지고 있는 성질을 의미하여 '본성'이라는 뜻도 지닌다.

native [néitiv] *a.* 원주민의, 모국어의 *n.* 원주민

→ **nature** [néitʃər] *n.* 자연, 본성

→ **natural** [nætʃərəl] *a.* 자연적인, 천연의

→ **naturally** [nætʃərəli] *ad.* 자연스럽게

innate는 태어나면서(nate)부터 자신 안에(in) 지니고 있는 것을 표현하여 '타고난, 선천적인'이라는 뜻으로 쓰이게 된 단어이다.

innate [inéit] *a.* 타고난, 선천적인

More Words

by natural 선천적으로

★ nation에서 나온 단어들

developing nation 개발도상국
developed nation 선진국
UN(= united nations) 국제연합

★ national에서 나온 단어들

National Park 국립공원
National Museum 국립박물관
National Library 국립도서관
national holiday 국경일
national competition 전국 대회
national championship 전국 선수권

수능 잡는 예문

- He brings clean water to people in **developing nations**.
  그는 **개발도상국**의 사람들에게 깨끗한 물을 공급한다.

- I don't know how to get to the **National Museum**.
  나는 **국립박물관**에 어떻게 가는지 모르겠다.

- Both of us wanted to work for an **international** organization.
  우리 둘 다 **국제**기관에서 일하기를 원했었다.

- **Natural** resources are very important for our lives.
  천연자원은 우리의 삶을 위해 매우 중요하다.

● 앞에서 학습한 워드맵을 참고하여 다음 영어 단어의 우리말 뜻을 적어보세요.

create _____ → creation _____

→ creator _____

→ creature _____

→ creative _____

→ creatively _____

→ creativity _____

→ recreate _____

→ recreation _____

→ recreational _____

★increase _____ decrease _____

nation _____ → national _____

→ nationally _____

→ international _____

→ internationally _____

native _____ → nature _____

→ natural _____

→ naturally _____

★ by natural _____

innate _____

● 빈칸에 알맞은 단어를 넣어보세요.

01 He decided to _____ more tourist attractions.
그는 관광명소를 더 **만들어내기**로 결심했다.

02 Many people are pleased by their _____ hair styles.
많은 사람들이 그들의 **창의적인** 헤어스타일에 만족해한다.

03 We want scientists to use their _____ for poor people.
우리는 과학자들이 그들의 **창의성**을 가난한 사람들을 위해 사용하기를 원한다.

04 We have done everything we can to _____ our profit.
우리는 이익을 **증가시키기** 위해 할 수 있는 모든 것을 해 놓았다.

05 He brings clean water to people in _____
_____.
그는 **개발도상국**의 사람들에게 깨끗한 물을 공급한다.

06 I don't know how to get to the _____ _____.
나는 **국립박물관**에 어떻게 가는지 모르겠다.

07 Both of us wanted to work for an _____ organization.
우리 둘 다 **국제**기관에서 일하기를 원했었다.

08 _____ resources are very important for our lives.
천연자원은 우리의 삶을 위해 매우 중요하다.

● 정답 p. 368

2. ate가 형용사형 어미로 사용된 단어와 그 파생어

❶ pass[pati] → **passion / compassion / patient**

pass는 현대영어에서는 사용되지 않는 고통 등을 '느끼다'라는 뜻을 지녔던 pati가 변형되어 나온 단어이다. (현대영어에서 사용되는 '통과하다'라는 뜻의 pass와는 다른 단어이다.) 이 pass에서 나온 passion은 처음에는 고통을 느끼는 '고난'이라는 뜻으로 사용이 되었고, 그 후 힘들고 어려운 고난을 이겨내는 '열정'이라는 뜻이 되었다. 이 단어에 형용사를 만들어주는 -ate가 붙은 passionate는 '열정적인'이라는 뜻이 되었다.

---

passion [pǽʃən] *n.* 고난, 열정
  → **passionate** [pǽʃənət] *a.* 열정적인
  → **passionately** [pǽʃənətli] *ad.* 열정적으로

---

compassion은 함께(com) 다른 사람의 고통을 느끼기(pass)에 '연민, 동정'이라는 뜻이 되었고, compassionate도 형용사로 '연민 어린, 동정하는'이라는 뜻이 되었다.

---

compassion [kəmpǽʃən] *n.* 연민, 동정(심)
  → **compassionate** [kəmpǽʃənət] *a.* 연민 어린, 동정하는

원형인 pati에서 파생된 patient는 형용사로는 고통을 버티어 내는 '인내심이 있는'이라는 뜻과 고통을 당하는 사람인 '환자'라는 뜻이 되었다.

---

patient [péiʃənt] *a.* 인내심[참을성] 있는 *n.* 환자
  → **patiently** [péiʃəntli] *ad.* 끈기 있게, 참을성 있게
  → **patience** [péiʃəns] *n.* 인내심
  → **impatience** [impéiʃəns] *n.* 조급함
  → **impatient** [impéiʃənt] *a.* 참을 수 없는

- Only she has a **passion** for machines and engineering at school.

  그녀만 학교에서 유일하게 기계와 공학에 **열정**을 갖고 있다.

- I respect her because she is the most **passionate** and positive teacher.

  가장 **열정적이**고 긍정적인 선생님이기 때문에 나는 그녀를 존경한다.

- We just wish he had more **compassion** for his friends.

  우리는 그저 그가 좀 더 친구들에게 **동정심**을 갖길 바랄 뿐이다.

- She is not **patient** enough to wait for new information.

  그녀는 새로운 정보를 기다릴 만큼 **참을성이** 없다.

❷ liter → letter / literate / literal / literature

liter는 과거 '문자'를 의미하던 단어였고 이 단어가 현대영어로 와서 변형된 단어가 letter이다. letter도 단어의 글자 하나를 의미하는 '문자'라는 뜻이 있고, 그 문자로 작성된 '편지'라는 뜻으로도 사용이 된다.

---

letter [létər] *n.* 편지, 문재[글자]

---

literate은 문자로 적힌 것을 읽고 쓰는 것을 표현하여 '읽고 쓸 줄 아는'이라는 뜻이 되었고, 부정을 의미하는 il-이 붙어서 생긴 illiterate은 배우지 못해 읽고 쓸 줄 모르는 '문맹의' 라는 뜻이 되었다.

---

literate [lítərət] *a.* 읽고 쓸 줄 아는

  → **literacy** [lítərəsi] *n.* 읽고 쓸 줄 아는 능력

  → **illiterate** [ilítərət] *a.* 문맹의

  → **illiteracy** [ilítərəsi] *n.* 문맹

---

literal [lítərəl] *a.* 문자 그대로의, 말의 → **literally** [lítərəli] *ad.* 문자 그대로, 말대로

또 liter에서 나온 literature는 사상이나 감정을 문자로 표현한 작품을 의미하여 현재 '문학'이라는 뜻이 된 단어이다.

literature [lítərətʃər] *n.* 문학 → **literary** [lítərèri] *a.* 문학의

 수능 잡는 예문

- Only half of the children in this class are **literate** in English.
  이 학급 어린이들의 절반만이 영어로 **글을 읽고 쓸 수 있다**.

- One **literal** meaning of the word "earth" is soil.
  earth라는 단어의 **문자 그대로의** 의미는 '흙'이다.

- I love fantasy and sci-fi **literature**.
  나는 판타지와 공상과학 **문학**을 좋아한다.

Word Mapping

● 앞에서 학습한 워드맵을 참고하여 다음 영어 단어의 우리말 뜻을 적어보세요.

passion _____ → passionate _____

→ passionately _____

compassion _____ → compassionate _____

patient _____ → patiently _____

→ patience _____

→ impatience _____

→ impatient _____

letter _____

literate _____ → literacy _____

→ illiterate _____

→ illiteracy _____

literal _____ → literally _____

literature _____ → literary _____

● 빈칸에 알맞은 단어를 넣어보세요.

01 Only she has a _____ for machines and engineering at school.

그녀만 학교에서 유일하게 기계와 공학에 **열정**을 갖고 있다.

02 I respect her because she is the most _____ and positive teacher.

가장 **열정적이고** 긍정적인 선생님이기 때문에 나는 그녀를 존경한다.

03 We just wish he had more _____ for his friends.

우리는 그저 그가 좀 더 친구들에게 **동정심**을 갖길 바랄 뿐이다.

04 She is not _____ enough to wait for new information.

그녀는 새로운 정보를 기다릴 만큼 **참을성**이 없다.

05 Only half of the children in this class are _____ in English.

이 학급 어린이들의 절반만이 영어로 **글을 읽고 쓸 수 있다**.

06 One _____ meaning of the word "earth" is soil.

earth라는 단어의 **문자 그대로의** 의미는 '흙'이다.

07 I love fantasy and sci-fi _____.

나는 판타지와 공상과학 **문학**을 좋아한다.

● 정답 p. 368

ite[it]

1. ite[it]가 동사형 어미로 사용된 단어와 그 파생어

❶ uni → unite / unique / one

uni는 '하나'를 의미하는 단어였고 이 단어에서 파생된 unite는 하나로 만든다고 하여 '결합하다'라는 뜻이 되었다. 이 unite에 -ion이 붙어서 생긴 unition이라는 단어가 과거에는 '결합'이라는 뜻으로 사용이 되었지만 현재는 이 단어를 줄인 union으로 사용한다.

> **unite** [juːnáit] *v.* 결합[연합]하다
> → **united** [juːnáitid] *a.* 결합된[연합된]
> → **reunited** [riːjuːnáitid] *a.* 재결합[재회]된
> → **union** [júːnjən] *n.* 결합, 협회, 노조
> → **reunion** [riːjúːnjən] *n.* 동창회, 재회

unique는 하나밖에 없는 것을 표현하여 '독특한, 고유한'이라는 뜻으로 쓰인다.

> **unique** [juːníːk] *a.* 독특한, 고유한
> → **uniquely** [juːníːkli] *ad.* 독특하게
> → **uniqueness** [juːníːknis] *n.* 독특함

uni가 변형되어 생겨난 단어가 현대영어에서 '하나'를 뜻하는 one이다. one에서 나온 alone은 한(one) 명이 모든(all) 것을 다 한다고 하여 '혼자의'라는 뜻이 된 것이고, 이 단어의 a가 생략되어 나온 단어가 '혼자인'이라는 뜻을 지니고 있는 lone이다. lonely는 lone에서 파생된 단어이지만 부사가 아닌 형용사로 혼자인 사람의 상태를 표현하여 '외로운'을 뜻한다.

one [wʌn] *n.* 하나, 한 명 *a.* 하나의

→ a**lone** [əlóun] *a.* 혼자의, ~만으로는 *ad.* 혼자서

→ l**one** [loun] *a.* 혼자인

→ l**one**ly [lóunli] *a.* 외로운

 수능 잡는 예문

- We are free to join a **union** to help improve our lives.
  우리는 우리의 삶을 개선시키기 위해 **노동조합**에 자유롭게 가입한다.

- The school **reunion** is a good chance to meet old friends.
  동창회는 옛 친구들과 만날 수 있는 좋은 기회이다.

- Her fancy stage costume was very **unique** and beautiful.
  그녀의 화려한 무대 의상은 매우 **독특하**고 아름다웠다.

- When I go shopping at the mall, I like to go **alone**.
  나는 몰에 쇼핑하러 갈 때 **혼자** 가는 것을 좋아한다.

❷ **hibit → exhibit / prohibit / inhibit / habit**

hibit은 현대영어에서 사용되지 않는 단어로 '잡다, 가지다'라는 뜻이었다. 이 단어에서 나온 exhibit은 자신이 잡거나(hibit)나 가지고 있는 것을 밖(ex)에 내어놓아 보여준다고 하여 '전시하다'라는 뜻이 되었다.

exhibit [igzíbit] *v.* 전시하다 → **exhibiti**on [èksəbíʃən] *n.* 전시(회)

prohibit은 못 들어가게 앞(pro)에서 잡는다(hibit)고 하여 '금지하다'라는 뜻이 되었다.

prohibit [prouhíbit] *v.* 금지하다

→ **prohibiti**on [pròuibíʃən] *n.* 금지

→ **prohibiti**ve [prouhíbitiv] *a.* 금지하는, (값이) 터무니없는

inhibit은 자신 안(in)에 있는 감정을 폭발하지 않게 잡는다(hibit)고 하여 '억제하다'라는 뜻과 못하게 막기에 prohibit과 같은 뜻인 '금지하다'라는 뜻이 되었다.

---

inh**ibit** [inhíbit] *v.* 억제하다, 금지하다 → **inhibit**i**on** [inhəbíʃən] *n.* 억제, 금지

---

hibit에서 파생된 habit은 원래 집을 가지게 되어 사는 '거주하다'라는 뜻이었다. 그래서 habitable이 '거주할 수 있는'이라는 뜻이 된 것이고, 현대영어에서 사용되는 inhabit이 과거 habit의 뜻을 받아 '거주하다'라는 뜻이 되었다. 현재 habit은 사람이 반복된 행위를 통해 가지게 되는 것을 의미하여 '습관'이라는 뜻으로 남게 되었다.

---

habit [hǽbit] *n.* 습관

    → **habit**ual [həbítʃuəl] *a.* 습관[상습]적인

    → **habit**ually [həbítʃuəli] *ad.* 습관적으로

    → **habit**able [hǽbitəbl] *a.* 거주할 수 있는

    → **in**habit [inhǽbit] *v.* 거주하다

    → **in**habit**ant** [inhǽbətənt] *n.* 거주자

수능 잡는 예문

- The photographs will be **exhibited** in the school garden.
  학교 정원에서 그 사진들이 **전시될** 것이다.

- Smoking is **prohibited** in most public places.
  대부분의 공공장소에서는 흡연이 **금지된다**.

- This medicine will **inhibit** the progress of his disease.
  이 약은 그가 지닌 병의 진전을 **억제할** 것이다.

- A light punishment might be helpful to **habitual** latecomers.
  가벼운 체벌은 **습관적인** 지각생들에게 도움이 될 수 있을 것이다.

● 앞에서 학습한 워드맵을 참고하여 다음 영어 단어의 우리말 뜻을 적어보세요.

unite _____ → united _____

→ reunited _____

→ union _____

→ reunion _____

unique _____ → uniquely _____

→ uniqueness _____

one _____ → alone _____

→ lone _____

→ lonely _____

exhibit _____ → exhibition _____

prohibit _____ → prohibition _____

→ prohibitive _____

inhibit _____ → inhibition _____

habit _____ → habitual _____

→ habitually _____

→ habitable _____

→ inhabit _____

→ inhabitant _____

● 빈칸에 알맞은 단어를 넣어보세요.

01 We are free to join a _____ to help improve our lives.

우리는 우리의 삶을 개선시키기 위해 **노동조합**에 자유롭게 가입한다.

02 The school _____ is a good chance to meet old friends.

동창회는 옛 친구들과 만날 수 있는 좋은 기회이다.

03 Her fancy stage costume was very _____ and beautiful.

그녀의 화려한 무대 의상은 매우 **독특하고** 아름다웠다.

04 When I go shopping at the mall, I like to go _____.

나는 몰에 쇼핑하러 갈 때 **혼자** 가는 것을 좋아한다.

05 The photographs will be _____ in the school garden.

학교 정원에서 그 사진들이 **전시될** 것이다.

06 Smoking is _____ in most public places.

대부분의 공공장소에서는 흡연이 **금지된다**.

07 This medicine will _____ the progress of his disease.

이 약은 그가 지닌 병의 진전을 **억제할** 것이다.

08 A light punishment might be helpful to _____ latecomers.

가벼운 체벌은 **습관적인** 지각생들에게 도움이 될 수 있을 것이다.

● 정답 p. 368

2. ite [it]가 형용사형 어미로 사용된 단어와 그 파생어

❶ fine → finite / finish / final / fine

fine은 처음에는 '끝'이나 '제한'을 의미하던 단어였다. 이 단어에서 나온 finite는 끝이 있기에 한계가 있는 것을 표현하여 '유한한'이라는 뜻이 되었고, 반대를 의미하는 in-이 붙어서 생긴 infinite은 '무한한'이라는 뜻이 되었다.

---

finite [fáinait] *a.* 유한한, 한정된
→ **finitely** [fáinaitli] *ad.* 유한하게
→ **infinite** [ínfənət] *a.* 무한한
→ **infinitely** [ínfənitli] *ad.* 무한히, 훨씬
→ **infinity** [infínəti] *n.* 무한

---

finish [fíniʃ] *v.* 끝내다[완성하다]

---

final [fáinl] *a.* 마지막의, 결승의
→ **semifinal** [sèmifáinl] *a.* 준결승의
→ **finally** [fáinəli] *ad.* 마지막으로, 드디어
→ **finale** [finǽli] *n.* 피날레

---

fine이 현대영어에서 쓰이면서 넘지 말라고 제한해놓은 법을 초과했을 때 물게 되는 '벌금, 벌금을 부과하다'라는 뜻이 되었다. 나중에는 형용사로도 쓰이게 되어 작품이나 예술, 심지어 무언가를 잘 끝내 놓은 것을 의미하여 '괜찮은, 멋진'이라는 뜻과 가장 끝까지 다듬어놓은 것을 의미하여 '고운, 미세한'이라는 뜻도 지니게 되었다. fine은 모음으로 끝나는 단어이기에 뒤에 모음으로 시작되는 접미사(-ite, -ish, -al)가 오면 e가 생략된다는 것을 잊지 말자.

---

fine [fain] *n.* 벌금 *v.* 벌금을 부과하다 *a.* 괜찮은, 멋진, 고운, 미세한
→ **finely** [fáinli] *ad.* 잘게, 곱게

More Words

be finished 끝나다(= be over)

get fined 벌금을 받다

수능 잡는 예문

- Solar energy is **infinite**, but fossil fuels are **finite**.
  태양에너지는 **무한하지만** 화석연료는 **유한하다**.

- You can go outside if you have **finished** your homework.
  네가 숙제를 **끝냈다면** 나가도 좋다.

- I felt really tired, but my problems were **finally** over!
  나는 정말로 피곤했지만 나의 문제를 **드디어** 끝냈다.

- He **got fined** for speeding.
  그는 과속으로 **벌금을 받았다**.

② fine → define / refine / confine

fine(끝, 제한)에서 나온 define은 어떠한 내용이나 사실을 완전히(de) 한 용어로 제한시킨다고 하여 '정의하다'라는 뜻이 된 단어이다. 이 단어에서 나온 definition이 명사로 쓰여 '정의'라는 뜻이 된 것이고, definite은 형용사로 완전히 정의된 것을 표현하여 '확실한, 분명한'이라는 뜻이 되었다. definite에서 나온 indefinite은 확실히 (definite) 제한된 시간이 없다(in)고 하여 '무기한의'라는 뜻으로 쓰인다.

define [difáin] *v.* 정의하다

→ **defin**ition [dèfəníʃən] *n.* 정의

→ **defin**ite [défənit] *a.* 확실한, 분명한

→ **defin**itely [défənitli] *ad.* 분명히, 명확히

→ **indefin**ite [indéfənit] *a.* 무기한의

→ **indefin**itely [indéfənitli] *ad.* 무기한으로

refine은 기존의 것을 다시(re) 깨끗하게 끝낸다(fine)고 하여 '정제하다, 개선하다'라는 뜻이 되었다.

refine [rifáin] *v.* 정제하다, 개선하다
→ **refin**ed [rifáind] *a.* 정제된
→ **unrefin**ed [ʌnrifáind] *a.* 정제되지 않은
→ **refine**ment [rifáinmənt] *n.* 정제, 개선
→ **refine**ry [rifáinəri] *n.* 정제 공장

confine은 못 나가게 담을 함께(con) 쌓아 활동 등을 제한(fine)시킨다고 하여 '국한시키다, 가두다'라는 뜻이 되었다.

confine [kənfáin] *v.* 국한시키다, 가두다
→ **confine**ment [kənfáinmənt] *n.* 감금

 수능 잡는 예문

- He **defines** the word "hobby" as an activity that we enjoy doing in our spare time.
  그는 '취미'라는 단어를 우리가 여가시간에 즐겁게 하는 활동이라고 **정의한다**.

- It's **definitely** going to be a special place for her.
  그것은 **분명히** 그녀를 위한 특별한 장소가 될 것이다.

- Despite widespread disbelief, he kept **refining** his ability.
  널리 퍼진 불신에도 불구하고, 그는 계속해서 그의 능력을 **개선해** 나갔다.

- The problem was not **confined** to Britain.
  그 문제는 영국에 **국한된** 것이 아니었다.

● 앞에서 학습한 워드맵을 참고하여 다음 영어 단어의 우리말 뜻을 적어보세요.

finite _____ → finitely _____

→ infinite _____

→ infinitely _____

→ infinity _____

finish _____

★ be finished _____

final _____ → semifinal _____

→ finally _____

→ finale _____

fine _____ → finely _____

★ get fined _____

define _____ → definition _____

→ definite _____

→ definitely _____

→ indefinite _____

→ indefinitely _____

refine _____ → refined _____

→ unrefined _____

→ refinement _____

→ refinery _____

confine _____ → confinement _____

● 빈칸에 알맞은 단어를 넣어보세요.

01 Solar energy is _____, but fossil fuels are
_____.

태양에너지는 **무한하지만** 화석연료는 **유한하다**.

02 You can go outside if you have _____ your homework.

네가 숙제를 **끝냈다면** 나가도 좋다.

03 I felt really tired, but my problems were _____ over!

나는 정말로 피곤했지만 나의 문제를 **드디어** 끝냈다.

04 He _____ _____ for speeding.

그는 과속으로 **벌금을 받았다**.

05 He _____ the word "hobby" as an activity that we
enjoy doing in our spare time.

그는 '취미'라는 단어를 우리가 여가시간에 즐겁게 하는 활동이라고 **정의한다**.

06 It's _____ going to be a special place for her.

그것은 **분명히** 그녀를 위한 특별한 장소가 될 것이다.

07 Despite widespread disbelief, he kept _____ his
ability.

널리 퍼진 불신에도 불구하고, 그는 계속해서 그의 능력을 **개선해** 나갔다.

08 The problem was not _____ to Britain.

그 문제는 영국에 **국한된** 것이 아니었다.

● 정답 p. 368

us 법칙과 각종 단어의 변형

➊ 과거에 us는 단어의 맨 뒤에 붙어 명사 형태를 만들었으며, 아직까지도 현대영어에 남아 사용되고 있다.

➋ -us로 끝나는 단어는 예외적인 몇몇 단어를 제외하고 명사로 생각하면 된다(주의: -ous는 형용사형 어미).

➌ 여기서는 -us로 끝나는 단어들과 이 단어에서 파생된 단어들이 어떻게 만들어지게 되었는지, 그리고 각종 단어들이 변형되어 어떻게 쓰이고 확장되었는지 자세히 살펴보겠다.

us가 사용된 단어와 그 파생어

1. stimulus / calculus / virus / fungus

us는 명사를 만들기 위해 사용했던 것이며, 지금도 많은 단어들이 -us 형태로 남아 명사로 쓰이고 있다. -us로 끝나는 단어에서 확장된 단어들은 us를 생략한 후 뒤에 접미사를 붙여서 만들어졌다. stimul은 과거 '찌르다'라는 뜻을 지녔던 단어였는데, 이 단어에서 나온 stimulus는 찔러서 무언가를 하게 만드는 '자극'이 되었고, 이 stimulus에서 us를 생략한 후 -ate가 붙은 stimulate는 '자극하다'라는 뜻이 되었다. stimulate에서 파생된 stimulation도 '자극'으로 stimulus와 같은 뜻으로 사용된다.

---

stimul 찌르다
stimulus [stímjuləs] *n.* 자극
→ **stimulate** [stímjulèit] *v.* 자극하다
→ **stimulation** [stìmjuléiʃən] *n.* 자극

아래의 단어들 역시 us가 붙어서 생긴 단어들이고 여기서 파생된 단어들은 전부 us를 생략된 후 접미사가 붙어서 만들어졌다.

---

calculus [kǽlkjuləs] *n.* 미적분
→ **calculate** [kǽlkjulèit] *v.* 계산하다
→ **calculation** [kæ̀lkjuléiʃən] *n.* 계산
→ **calculator** [kǽlkjulèitər] *n.* 계산기

---

virus [váiərəs] *n.* 바이러스, 독 → **viral** [váiərəl] *a.* 바이러스의

---

fungus [fʌ́ŋgəs] *n.* 곰팡이, 균 → **fungal** [fʌ́ŋgəl] *a.* 곰팡이의, 균의

- The smell of smoke **stimulates** people who have quit smoking.

  담배 연기의 냄새는 담배를 끊은 사람들을 **자극한다**.

- The government **calculated** how much it would cost to build a new town.

  정부는 새로운 마을을 건설하는 데 비용이 얼마나 드는지 **계산했다**.

- You should download the vaccine program and check for any computer **viruses**.

  너는 백신 프로그램을 다운받고 컴퓨터 **바이러스**를 검사해야 한다.

2. August / July

us는 과거에 사용되었던 명사 접미사이기에 현대영어에서는 계속해서 없애려고 많은 노력을 했다. 과거 초대 로마 황제였던 Augustus(아우구스투스)나 그의 아버지인 Julius(율리우스)에서 us가 생략되어 나온 단어가 각각 '8월'을 의미하는 August와 '7월'을 의미하는 July인 것이 바로 그 예이다.

Augustus 아우구스투스 → **August** [ɔ́:gəst] *n.* 8월

Julius 율리우스 → **July** [dʒuːlái] *n.* 7월

아래의 단어들은 교과서에 나온 -us형 명사들이다.

---

campus [kǽmpəs] *n.* (학교) 교내, 교정 → **camp** [kæmp] *n.* 야영지

circus [sə́ːrkəs] *n.* 서커스   **bon**us [bóunəs] *n.* 상여금

radius [réidiəs] *n.* 반경, 반지름   **geni**us [dʒíːnjəs] *n.* 천재, 특별한 재능

More Words

★ -us로 끝나지만 명사가 아닌 경우

plus [plʌs] 게다가, 더하여

minus [máinəs] ~을 뺀

versus [vɔ́:rsəs] ~대, ~대조하여

 수능 잡는 예문

- We enjoyed the beautiful view of the **campus**.

  우리는 **캠퍼스**의 아름다운 풍경을 즐겼다.

- We did not know she was a musical **genius**.

  우리는 그녀가 음악 **천재**라는 것을 몰랐다.

- **Plus**, sometimes we help them throw out their trash.

  게다가 가끔 우리는 그들이 쓰레기를 버리는 것을 도와주기도 한다.

● 앞에서 학습한 워드맵을 참고하여 다음 영어 단어의 우리말 뜻을 적어보세요.

stimulus _____ → stimulate _____

                                → stimulation _____

calculus _____ → calculate _____

                                → calculation _____

                                → calculator _____

virus _____ → viral _____

fungus _____ → fungal _____

August _____
July _____

campus _____ → camp _____
circus _____
bonus _____
radius _____
genius _____

★ plus _____
   minus _____
   versus _____

● 빈칸에 알맞은 단어를 넣어보세요.

01 The smell of smoke _____ people who have quit smoking.

담배 연기의 냄새는 담배를 끊은 사람들을 **자극한다**.

02 The government _____ how much it would cost to build a new town.

정부는 새로운 마을을 건설하는 데 비용이 얼마나 드는지 **계산했다**.

03 You should download the vaccine program and check for any computer _____.

너는 백신 프로그램을 다운받고 컴퓨터 **바이러스**를 검사해야 한다.

04 We enjoyed the beautiful view of the _____.

우리는 **캠퍼스**의 아름다운 풍경을 즐겼다.

05 We did not know she was a musical _____.

우리는 그녀가 음악 **천재**라는 것을 몰랐다.

06 _____, sometimes we help them throw out their trash.

게다가 가끔 우리는 그들이 쓰레기를 버리는 것을 도와주기도 한다.

● 정답 p. 368

able과 ible

1. able → enable / unable / disable

able은 '할 수 있는'이라는 뜻을 지닌 개별적인 단어로도 사용되지만 다른 단어 뒤에 붙어 형용사로 만드는 접미사로 쓰이기도 한다. able은 대부분 같은 형태로 명사와 부사로 파생되므로 한 번만 제대로 익히면 쉽게 어휘들을 확장하면서 익힐 수 있다.

able을 명사로 만들 때는 able 중간에 i를 넣어 abile로 바꾼 뒤에 -ity를 붙이면 되고(모음 e가 생략된다), able을 부사로 만들 때는 able의 le를 생략한 후 -ly를 붙여 주면 된다.

able [éibl] *a.* 할 수 있는, 능력 있는

→ **ab**il**ity** [əbíləti] *n.* 능력, 재능

→ **ab**ly [éibli] *ad.* 능숙하게

→ in**ability** [inəbíləti] *n.* 무능력(함)

enable은 할 수 있게 만든다고 해서 '가능하게 하다'라는 뜻이 된 단어이고, unable 은 할 수 있는(able) 것의 반대(un) 의미로 사용하여 '할 수 없는'이란 뜻이 되었다.

enable [inéibl] *v.* 가능하게[할 수 있게] 하다

unable [ʌnéibl] *a.* 할 수 없는

또 disable은 신체적으로 무언가를 할 수(able) 없게(dis) 한다고 하여 '장애를 입히다'를 뜻한다.

disable [diséibl] *v.* 장애를 입히다

→ **disabl**ed [diséibld] *a.* 장애를 가진 *n.* (the ~) 장애인들

→ **disab**ility [dìsəbíləti] *n.* 장애

- It harms your **ability** to concentrate on your work.
  그것은 너의 일에 집중할 수 있는 **능력**에 해를 끼칠 것이다.

- We were **unable** to hear any information about World War I.
  우리는 제1차 세계대전에 대한 어떠한 정보도 듣지 **못했다**.

- **Disabled** people can do the same things as able-bodied people.
  장애를 가진 사람들은 건강한 사람들과 똑같은 일을 할 수 있다.

2. poss → possible / cred → credible

ible도 able과 같은 단어이기에 '할 수 있는' 이라는 뜻을 지니고 있고, 이 단어는 특히 기존에 있던 단어들과 합쳐져서 새로운 단어들을 만들어 낸다.

'힘'을 의미하던 poss와 합쳐진 possible은 힘이 있기에 무언가를 할 수 있는 '가능한'이라는 뜻이고, impossible은 '불가능한'이라는 뜻이다. 명사와 형용사의 형태는 able의 변형 과정과 같다.

possible [pάsəbl] *a.* 가능한
  → **possibility** [pàsəbíləti] *n.* 가능성
  → **possibly** [pάsəbli] *ad.* 가능하게
  → im**possible** [impάsəbl] *a.* 불가능한
  → im**possibility** [impàsəbíləti] *n.* 불가능성
  → im**possibly** [impάsəbli] *ad.* 불가능하게

cred는 '믿다'라는 뜻으로 쓰였기에 credible도 '믿을 수 있는'이라는 뜻이 되었다. incredible은 믿을 수 없는 말도 안 되는 일이 벌어진 것을 표현하여 '놀라운, 믿어지지 않는'을 뜻한다.

credible [krédəbl] *a.* 믿을 수 있는

→ **credibility** [krèdəbíləti] *n.* 신뢰(성)

→ **credibly** [krédəbli] *ad.* 확실히, 믿을 만하게

→ **incredible** [inkrédəbl] *a.* 놀라운, 믿어지지 않는

→ **incredibility** [inkrèdəbíləti] *n.* 믿어지지 않음

→ **incredibly** [inkrédəbli] *ad.* 믿을 수 없을 정도로

수능 잡는 예문

- We want to get as much help from him as **possible**.
  우리는 그로부터 **가능한** 한 많은 도움을 받기를 바란다.

- Nothing is **impossible** unless you give up.
  네가 포기하지 않는 한 **불가능한** 것은 없다.

- I had an **incredible** time on summer vacation.
  나는 여름방학 때 정말 **놀라운** 시간을 보냈다.

● 앞에서 학습한 워드맵을 참고하여 다음 영어 단어의 우리말 뜻을 적어보세요.

able _____ → ability _____
→ ably _____
→ inability _____

enable _____
unable _____

disable _____ → disabled _____
→ disability _____

possible _____ → possibility _____
→ possibly _____
→ impossible _____
→ impossibility _____
→ impossibly _____

credible _____ → credibility _____
→ credibly _____
→ incredible _____
→ incredibility _____
→ incredibly _____

● 빈칸에 알맞은 단어를 넣어보세요.

01 It harms your _____ to concentrate on your work.

그것은 너의 일에 집중할 수 있는 **능력**에 해를 끼칠 것이다.

02 We were _____ to hear any information about World War I.

우리는 제1차 세계대전에 대한 어떠한 정보도 듣지 **못했다**.

03 _____ people can do the same things as able-bodied people.

장애를 가진 사람들은 건강한 사람들과 똑같은 일을 할 수 있다.

04 We want to get as much help from him as _____.

우리는 그로부터 **가능한** 한 많은 도움을 받기를 바란다.

05 Nothing is _____ unless you give up.

네가 포기하지 않는 한 **불가능한** 것은 없다.

06 I had an _____ time on summer vacation.

나는 여름방학 때 정말 **놀라운** 시간을 보냈다.

● 정답 p. 368

center와 centre

1. center / meter

center는 '중앙, 중심'이나 '중앙에 있는 건물이나 사람' 등을 뜻하는 단어이다. center는 미국식 표현이고 영국에서는 centre로 쓰이는데, 영국에서 사용되는 언어가 영어이기 때문에 center나 centre에서 파생된 단어들은 centre에 접미사(-al, -ate)가 붙게 되고 centre 뒤에 있는 e는 생략된다. central은 중심에 있는 것을 표현하여 '중앙의, 중심의'라는 뜻이 된 단어이고, concentrate는 흩어진 생각을 함께(con) 끌어 모아 중심(centre)으로 놓는다고 하여 '집중하다'라는 뜻이 되었다.

center[centre] [séntər] *n.* 중앙, 중심

central [séntrəl] *a.* 중앙[중심]의
> **centrally** [séntrəli] *ad.* 중심에

concentrate [kánsəntrèit] *v.* 집중하다(on)
> **concentration** [kànsəntréiʃən] *n.* 집중

center와 마찬가지로 meter도 영국에서는 metre로 사용된다. 이 metre는 원래 '측정하다'라는 뜻에서 현재는 명사로 측정하는 '계량기'나 측정된 거리 '미터'로 사용되고 있다. 측정한다는 뜻에서 나온 symmetry는 한쪽으로 치우치지 않게 똑같이 (sym) 측정한다(metre)고 하여 명사로 '대칭'이라는 뜻이 되었고, geometry는 과거 땅(geo)을 측정하는 것을 의미하다가 현재는 땅에 있는 공간이나 도형 등에 대해 연구하는 학문인 '기하학'을 뜻하게 되었다.

meter[metre] [míːtər] **측정하다** → *n.* 계량기, 미터

symmetry [símətri] *n.* 대칭
> **symmetrical** [simétrikəl] *a.* 대칭적인

geometry [dʒiámətri] *n.* 기하학
> **geometric[geometrical]** [dʒiːəmétrik, -rikəl] *a.* 기하학의, 기하학적인

More Words

diameter [daiǽmətər] *n.* 지름

altimeter [æltímətər] *n.* 고도계

calorimeter [kælərímətər] *n.* 열량계

- He will start a new project in **Central** Africa.
  그는 **중앙**아시아에서 새로운 프로젝트를 시작할 것이다.

- She doesn't **concentrate** during class and doesn't do her homework.
  그녀는 수업 중에 **집중하지** 않으며 숙제도 하지 않는다.

- We favour strong, simple, and **symmetrical** subjects.
  우리는 강하고, 간단하며, **대칭적인** 주제들을 선호한다.

- The **geometric** work was created by a professional artist.
  이 **기하학적인** 작품은 전문적인 예술가에 의해 만들어졌다.

2. aster[astro] / stella

center[centre]나 meter[metre]처럼 -er이나 -or로 끝나는 단어들은 앞뒤가 -re, -ro로 바뀐 후 접미사가 붙어서 파생어를 만드는 경우가 많았다. aster는 과거 '별'을 의미하던 단어였고 이 단어가 변형되어 생긴 단어가 star이다. aster에서 나온 단어를 보면, disaster는 하늘에서 큰 별(aster)이 떨어지면(dis) 안 좋은 일이 생기는 것에서 유래되어 현재 '재난, 재해'라는 뜻이 되었고, disastre로 바뀐 후 -ous가 붙어서 생긴 disastrous는 재난을 당한 상황을 표현하여 '처참한, 형편없는'이라는 뜻이 되었다. aster에서 변형된 astro에 -nomy(학)가 붙어서 생긴 astronomy는 별이 있는 우주에 대해 연구하는 학문인 '천문학'이 되었고, 항해자를 의미하는 -naut가 붙어서 만들어진 astronaut은 우주를 항해하는 '우주비행사'가 되었다.

aster[astro] 별

disaster [dizǽstər] *n.* 재난, 재해

→ **disastrous** [dizǽstrəs] *a.* 처참한, 형편없는

astronomy [əstrάnəmi] *n.* 천문학

→ **astronomer** [əstrάnəmər] *n.* 천문학자

→ **astronomical** [æstrənάmikəl] *a.* 천문학의, 천문학적인

→ **astronaut** [ǽstrənɔ̀ːt] *n.* 우주비행사(= cosmonaut)

star [staːr] *n.* 별, (스포츠, 영화) 스타 *v.* 주연을 맡기다

과거 다른 나라에서는 '별'을 stella라고 했고 이 단어에서 파생된 constellation은 별들이 함께(con) 모여 있는 '별자리'로 쓰이게 되었다.

stella 별

constellation [kὰnstəléiʃən] *n.* 별자리

 수능 잡는 예문

- The **disaster** will have an impact far into the future.
  그 **재난**은 먼 미래까지 영향을 미칠 것이다.

- He is teaching **astronomy** to high school students.
  그는 고등학생들에게 **천문학**을 가르치고 있다.

- The **constellation** is the brightest object in the night sky.
  그 **별자리**는 밤하늘에서 가장 밝다.

● 앞에서 학습한 워드맵을 참고하여 다음 영어 단어의 우리말 뜻을 적어보세요.

central _____ → centrally _____

concentrate _____ → concentration _____

symmetry _____ → symmetrical _____

geometry _____ → geometric[geometrical] _____

diameter _____

altimeter _____

calorimeter _____

disaster _____ → disastrous _____

astronomy _____ → astronomer _____

→ astronomical _____

→ astronaut _____

star _____

constellation _____

● 빈칸에 알맞은 단어를 넣어보세요.

01 He will start a new project in _____ Africa.

그는 **중앙**아시아에서 새로운 프로젝트를 시작할 것이다.

02 She doesn't _____ during class and doesn't do her homework.

그녀는 수업 중에 **집중하지** 않으며 숙제도 하지 않는다.

03 We favour strong, simple, and _____ subjects.

우리는 강하고, 간단하며, **대칭적인** 주제들을 선호한다.

04 The _____ work was created by a professional artist.

이 **기하학적인** 작품은 전문적인 예술가에 의해 만들어졌다.

05 The _____ will have an impact far into the future.

그 **재난**은 먼 미래까지 영향을 미칠 것이다.

06 He is teaching _____ to high school students.

그는 고등학생들에게 **천문학**을 가르치고 있다.

07 The _____ is the brightest object in the night sky.

그 **별자리**는 밤하늘에서 가장 밝다.

● 정답 p. 368

Section

3

수능 잡아먹는
VOCA
종합편

생기초편에서는 영어 단어에서 사용되는 가장 기본이 되는 법칙들에 대해서 알아보았고, 확장편에서는 영어 단어들이 역사적으로 변형되어온 과정과 그 과정에서 나온 다양한 법칙들을 동시에 살펴보았다. 이제부터 학습하게 될 종합편에서는 앞에서 배운 법칙들과 변형이 모두 적용되는, 하나의 어근에서 파생된 단어들을 통째로 학습하게 될 것이다. 영어 단어의 핵심은 그 단어가 처음 만들어지게 된 어근이고, 이 어근에서 나온 단어들은 역사적 쓰임에 따라 다양하게 확장됐지만 지금까지 배워온 법칙을 기준 삼아 단어를 파악해 나가면 빠르고 정확하게 단어를 익힐 수 있을 것이다.

solve[solute] 풀다 tect 덮다

1. solve [solute] 풀다

solve는 원래 묶여진 끈을 푸는 데서 '풀다'라는 뜻이 되었다. 과거 solute는 solve에서 변형된 단어로 같은 뜻을 지녔었지만 현재는 쓰이지 않고 뒤에 -ion을 붙인 후 명사로만 사용한다.

solve [salv] *v.* 풀다, 해결하다 → **solution** [səlúːʃən] *n.* 해결(책)

resolve는 다시(re) 확실하게 푼다고(solve) 하여 solve와 같은 뜻인 '해결하다'라는 뜻과 꼭 해결하려고 하는 '다짐하다'라는 뜻이 된 단어이다.

resolve [rizálv] *v.* 해결하다, 다짐하다
→ **resolution** [rèzəlúːʃən] *n.* 결심, 각오

dissolve는 풀어서(solve) 따로(dis) 떨어지게 한다고 하여 '해체시키다'라는 뜻과 묶여진 덩어리나 얼음 등이 풀어지게 한다고 하여 '용해시키다'라는 뜻이 되었다.

dissolve [dizálv] *v.* 용해시키다, 해체시키다
→ **dissolution** [dìsəlúːʃən] *n.* 용해, 해체[해산]

absolve는 왕이나 높은 사람이 죄인을 죄로부터(ab) 풀어(solve) 준다고 하여 '면제하다, 용서하다'라는 뜻이 되었다.

absolve [æbzálv] *v.* 면제하다, 용서하다
→ **absolution** [æbsəlúːʃən] *n.* 면제, 용서, 사죄
→ **absolute** [æbsəlùːt] *a.* 절대적인
→ **absolutely** [æbsəlúːtli] *ad.* 절대적으로, 완전히

- What can you do to **solve** the problem?

  문제를 **해결하기** 위해 너는 무엇을 할 수 있니?

- It's my **resolution** to read a book every week.

  매주 책을 한 권씩 읽는 것이 나의 **결심**이다.

- Limestone in this area has **dissolved** and formed many caves.

  이 지역의 석회암이 **용해되어** 많은 동굴을 형성했다.

- Monetary success is **absolutely** necessary for me.

  내게는 금전적 성공이 **절대적으로** 필요하다.

2. tect 덮다

tect는 현재 쓰이지 않는 단어로 안에 있는 것을 가리기 위해 무언가를 위에 놓는 '덮다'라는 뜻이었다. 이 단어에서 파생된 detect는 덮여(tect) 있는 것을 치워(de) 안에 있는 것을 알게 하는 '발견하다, 탐지하다'라는 뜻이 되었다.

detect [ditékt] *v.* 발견하다, 탐지하다

→ **unde**tected [ʌnditéktid] *a.* 아무에게도 발견되지 않은

→ **detec**tion [ditékʃən] *n.* 발견, 탐지

→ **detec**tor [ditéktər] *n.* 탐지기

→ **detec**tive [ditéktiv] *a.* 탐정의 *n.* 탐정, 수사관

protect는 적의 공격을 막기 위해 앞(pro)부분을 덮는다고(tect) 하여 '보호하다, 막다'라는 뜻이 된 단어이다.

protect [prətékt] *v.* 보호하다, 막다

→ **protec**tion [prətékʃən] *n.* 보호, 방어

→ **protec**tive [prətéktiv] *a.* 보호하는, 방어적인

→ **protec**tor [prətéktər] *n.* 보호자, 보호대

detective story 탐정소설

 수능 잡는 예문

- I could not **detect** any feeling on her part.

  나는 그녀의 어떠한 감정도 **감지할** 수 없었다.

- Early **detection** of cancer is important for her.

  암의 조기 **발견**은 그녀에게 있어서 중요하다.

- Each company founded an organization to **protect** the ocean.

  각 기업이 바다를 **보호하기** 위해 단체를 설립했다.

● 앞에서 학습한 워드맵을 참고하여 다음 영어 단어의 우리말 뜻을 적어보세요.

solve _____ → solution _____

resolve _____ → resolution _____

dissolve _____ → dissolution _____

absolve _____ → absolution _____
→ absolute _____
→ absolutely _____

detect _____ → undetected _____
→ detection _____
→ detector _____
→ detective _____

★ detective story _____

protect _____ → protection _____
→ protective _____
→ protector _____

● 빈칸에 알맞은 단어를 넣어보세요.

01 What can you do to ＿＿＿＿＿＿ the problem?

문제를 **해결하기** 위해 너는 무엇을 할 수 있니?

02 It's my ＿＿＿＿＿＿ to read a book every week.

매주 책을 한 권씩 읽는 것이 나의 **결심**이다.

03 Limestone in this area has ＿＿＿＿＿＿ and formed many caves.

이 지역의 석회암이 **용해되어** 많은 동굴을 형성했다.

04 Monetary success is ＿＿＿＿＿＿ necessary for me.

내게는 금전적 성공이 **절대적으로** 필요하다.

05 I could not ＿＿＿＿＿＿ any feeling on her part.

나는 그녀의 어떠한 감정도 **감지할** 수 없었다.

06 Early ＿＿＿＿＿＿ of cancer is important for her.

암의 조기 **발견**은 그녀에게 있어서 중요하다.

07 Each company founded an organization to ＿＿＿＿＿＿ the ocean.

각 기업이 바다를 **보호하기** 위해 단체를 설립했다.

● 정답 p. 368

struct[stroy] 세우다 rupt 깨다, 부수다

1. struct[stroy] 세우다

struct는 '세우다'라는 뜻이었고, 여기서 파생된 structure는 세워지게 된 '구조물'이나 '구성'이라는 뜻이 되었다.

structure [strʌ́ktʃər] *n.* 구성, 구조(물) *v.* 구성[조직]하다
→ **infrastructure** [ínfrəstrʌ̀ktʃə(r)] *n.* 사회 기반 시설
→ **structural** [strʌ́ktʃərəl] *a.* 구조상의, 구조적인

construct는 건물 등을 차곡차곡 함께(con) 세운다고 하여 '건설[건축]하다'라는 뜻이 되었다.

construct [kənstrʌ́kt] *v.* 건설[건축]하다
→ **construction** [kənstrʌ́kʃən] *n.* 건설, 건축
→ **constructive** [kənstrʌ́ktiv] *a.* 건설적인
→ **constructively** [kənstrʌ́ktivli] *ad.* 건설적으로

instruct는 선생님이 학생의 내적(in)인 부분을 바로 세워(struct) 준다고 하여 '가르치다, 지시하다'라는 의미를 지니게 되었다.

instruct [instrʌ́kt] *v.* 가르치다, 지시하다
→ **instruction** [instrʌ́kʃən] *n.* 지도, 지시, 설명(서)
→ **instructive** [instrʌ́ktiv] *a.* 교육적인, 유익한
→ **instructor** [instrʌ́ktər] *n.* 강사, 교사
→ **instrument** [instrəmənt] *n.* 기구, 악기

struct의 원형인 stroy에 '아래'를 의미하는 de가 붙어서 생긴 destroy는 세워진 것을 아래(de)로 무너뜨린다고 하여 '파괴하다'라는 뜻이 되었고 명사형은 destruction이다.

destroy [distrɔ́i] *v.* 파괴하다, 죽이다
→ **destruction** [distrʌ́kʃən] *n.* 파괴, 파멸
→ **destructive** [distrʌ́ktiv] *a.* 파괴적인

More Words

wind instrument 관악기
brass/wood wind instrument 금/목관악기

 수능 잡는 예문

- This is a simple sentence using basic grammatical **structure**.
  이것은 기초적인 문법 **구조**를 사용한 간단한 문장이다.

- It took four months to **construct** the building.
  그 건물을 **건축하는** 데 4개월이 걸렸다.

- To lose weight, you must follow my **instructions**.
  체중을 줄이기 위해, 당신은 나의 **지시**를 따라야 한다.

- It means global warming is **destroying** the Earth.
  그것은 지구온난화가 지구를 **파괴시키고** 있다는 것을 의미한다.

2. rupt 깨다, 부수다

'깨다, 부수다'라는 뜻을 지닌 rupt에서 파생된 interrupt는 서로 주고받는 대화 사이 (inter)에 끼어들어 대화의 흐름을 끊고 부순다(rupt)고 하여 '방해하다, 중단시키다' 라는 뜻이 되었다.

interrupt [intərʌ́pt] *v.* 방해하다, 중단시키다
→ **interrupt**ion [intərʌ́pʃən] *n.* 방해, 중단

erupt는 땅의 표면이 부서지면서(rupt) 안에 있던 용암이 밖(e)으로 나오게 된다고 하여 '분출하다, 폭발하다'라는 뜻이 된 단어이다.

erupt [irʌ́pt] *v.* 분출하다, 폭발하다
→ **erupt**ion [irʌ́pʃən] *n.* 분출, 폭발
→ **erupt**ive [irʌ́ptiv] *a.* 분화의

disrupt는 한곳이 아닌 여러 곳을 따로따로(dis) 부순다고(rupt) 하여 '혼란시키다'라 는 뜻과 여러 가지 혼란스러운 상황으로 인해 생활에 피해를 주는 '지장을 주다'라는 뜻이 된 단어이다.

disrupt [disrʌ́pt] *v.* 혼란시키다, 지장을 주다
→ **disrupt**ion [disrʌ́pʃən] *n.* 혼란
→ **disrupt**ive [disrʌ́ptiv] *a.* 지장을 주는

abrupt는 지진이 발생했을 때 한쪽 땅이 무너지면서(rupt) 다른 쪽 땅이 갑자기 이 탈(ab)되어 튀어나오는 것을 표현하여 '갑작스러운'이라는 뜻이 되었다.

abrupt [əbrʌ́pt] *a.* 갑작스러운, 퉁명스러운
→ **abrupt**ly [əbrʌ́ptli] *ad.* 갑자기, 퉁명스럽게

마지막으로 bankrupt는 은행(bank)에 돈을 갚지 못해 회사가 무너지게(rupt) 되는 '파산한'이라는 뜻의 형용사다.

bankrupt [bǽŋkrʌpt] *a.* 파산한 → **bankruptcy** [bǽŋkrəptsi] *n.* 파산

More Words

be interrupted by ~에 의해 방해받다
go into bankruptcy 파산하다

 수능 잡는 예문

- I tried to lower my voice not to **interrupt** anybody in the library.
  나는 도서관의 누구도 **방해하지** 않기 위해 목소리를 낮추려고 애썼다.

- The volcano did not **erupt** at any time.
  그 화산이 아무 때나 **분출했던** 것은 아니다.

- The volcanic eruption **disrupted** air travel, causing flights to be cancelled.
  그 화산 폭발이 항공편을 취소시키며 항공여행에 **지장을 주었다.**

- Our business is **bankrupt** and we are in trouble.
  사업이 **파산해서** 우리는 어려움에 빠져 있다.

● 앞에서 학습한 워드맵을 참고하여 다음 영어 단어의 우리말 뜻을 적어보세요.

structure ＿＿＿＿＿＿ → infrastructure ＿＿＿＿＿＿＿
→ structural ＿＿＿＿＿＿＿

construct ＿＿＿＿＿＿ → construction ＿＿＿＿＿＿＿
→ constructive ＿＿＿＿＿＿＿
→ constructively ＿＿＿＿＿＿

instruct ＿＿＿＿＿＿ → instruction ＿＿＿＿＿＿＿
→ instructive ＿＿＿＿＿＿＿
→ instructor ＿＿＿＿＿＿＿
→ instrument ＿＿＿＿＿＿＿

★ wind instrument ＿＿＿＿＿＿
brass/wood wind instrument ＿＿＿＿＿＿

destroy ＿＿＿＿＿＿ → destruction ＿＿＿＿＿＿＿
→ destructive ＿＿＿＿＿＿＿

interrupt ＿＿＿＿＿＿ → interruption ＿＿＿＿＿＿＿
★ be interrupted by ＿＿＿＿＿＿

erupt _____ → eruption _____

→ eruptive _____

disrupt _____ → disruption _____

→ disruptive _____

abrupt _____ → abruptly _____

bankrupt _____ → bankruptcy _____

★ go into bankruptcy _____

● 빈칸에 알맞은 단어를 넣어보세요.

01 This is a simple sentence using basic grammatical
    _____.

이것은 기초적인 문법 **구조**를 사용한 간단한 문장이다.

02 It took four months to _____ the building.

그 건물을 **건축하는** 데 4개월이 걸렸다.

03 To lose weight, you must follow my _____.

체중을 줄이기 위해, 당신은 나의 **지시**를 따라야 한다.

04 It means global warming is _____ the Earth.

그것은 지구온난화가 지구를 **파괴시키고** 있다는 것을 의미한다.

05 I tried to lower my voice not to _____ anybody in the
    library.

나는 도서관의 누구도 **방해하지** 않기 위해 목소리를 낮추려고 애썼다.

06 The volcano did not _____ at any time.

그 화산이 아무 때나 **분출했던** 것은 아니다.

07 The volcanic eruption _____ air travel, causing flights
    to be cancelled.

그 화산 폭발이 항공편을 취소시키며 항공여행에 **지장을 주었다.**

08 Our business is _____ and we are in trouble.

사업이 **파산해서** 우리는 어려움에 빠져 있다.

● 정답 p. 368

scribe[script] 쓰다
sting[stinct] 쏘다, 찌르다

1. scribe[script] 쓰다

scribe[script]의 원래 뜻은 종이에 글을 작성하는 '쓰다'였다. 이 script가 현대영어로 넘어오면서 글이 작성된 '대본'이라는 뜻이 되었다. transcript는 한쪽의 내용을 다른 쪽으로(tran) 녹음하거나 적는다고(script) 하여 '녹취'라는 뜻이 되었고, 또 녹음하는 것처럼 학교에서 성적이 기록되어 있는 것을 의미하여 '성적증명서'라는 뜻도 지니게 되었다.

script [skript] *n.* 대본
→ **manuscript** [mǽnjuskrìpt] *n.* 필사본, 원고
→ **postscript** [póustskrìpt] *n.* 추신, 후기
→ **transcript** [trǽnskript] *n.* 녹취, 성적증명서

describe는 아래(de) 반듯하게 적어(scribe) 상세히 설명해준다고 하여 '묘사하다, 서술하다'라는 뜻이 되었고, 명사형은 -scribe를 -script로 바꾼 후 -ion을 붙인다.

describe [diskráib] *v.* 묘사하다, 서술하다
→ **description** [diskrípʃən] *n.* 묘사, 서술
→ **descriptive** [diskríptiv] *a.* 서술하는

prescribe는 의사가 환자에게 병명에 맞게 미리(pre) 약을 적어(scribe) 준다고 하여 '처방하다'를 뜻하게 되었다.

prescribe [priskráib] *v.* 처방하다 → **prescription** [priskrípʃən] *n.* 처방

subscribe는 신문이나 잡지의 신청서 가장 아래(sub)쪽에 자신의 이름을 적는다(scribe)고 하여 '구독하다'라는 뜻이 되었다.

subscribe [səbskráib] *v.* 구독하다(to)
→ **subscriber** [səbskráibər] *n.* 구독자
→ **subscription** [səbskrípʃən] *n.* 구독

- That story wasn't in the original **script**.
  저 이야기는 원래 **대본**에는 없었다.

- This has allowed researchers to **describe** sperm whale social groups in detail.
  이것은 연구가들로 하여금 향유고래 군거 집단을 자세히 **묘사할** 수 있게 해주었다.

- We will **prescribe** some medicine for you. You have to take it every five hours.
  저희가 약을 **처방해** 드리겠습니다. 다섯 시간마다 반드시 드세요.

- We will **subscribe** to a number of newspapers and magazines.
  우리는 여러 일간지와 잡지를 **구독할** 예정이다.

2. sting [stinct] 쏘다, 찌르다

sting[stinct]은 벌이 침을 쏘는 '쏘다, 찌르다'라는 뜻으로 사용되는 단어이다. sting 에서 나온 distinguish는 다른 것과 구분할 수 있게 따로(di) 찔러(sting) 놓는 것을 동사(uish)로 표현하여 '구별하다'라는 뜻이 되었다. sting이 stinct로 바뀐 distinct 는 형용사로 '구별되는' 또는 '뚜렷한'이라는 뜻으로 사용된다.

distinguish [distíŋgwiʃ] *v.* 구별하다
→ **distinct** [distíŋkt] *.a.* 구별되는, 뚜렷한
→ **distinctive** [distíŋktiv] *a.* 독특한, 특유한
→ **distinction** [distíŋkʃən] *n.* 구별, 차이

extinguish는 '밖'을 의미하는 ex가 앞에 붙으면서 sting의 -s가 생략된 단어로 벌의 침을 밖으로 뽑으면 벌이 죽는 것처럼 사라지게 만든다고 하여 '멸종시키다'가 되었고, 또 마치 살아있는 것처럼 타오르는 불을 없애버린다고 하여 '끄다'라는 뜻으로도 사용하게 되었다.

---

extinguish [ikstíŋgwiʃ] *v.* 멸종[소멸]시키다, 끄다

→ **extinguisher** [ikstíŋgwiʃər] *n.* 소화기

→ **extinct** [ikstíŋkt] *a.* 멸종된, 소멸된

→ **extinction** [ikstíŋkʃən] *n.* 멸종, 소멸

---

instinct는 벌이 위험에 처할 때 언제든지 자신 안(in)에 있는 침을 쏘려고(stinct) 하는 행위를 표현하여 '본능'이라는 뜻이 되었다.

---

instinct [ínstiŋkt] *n.* 본능, 직감

→ **instinctive** [instíŋktiv] *a.* 본능적인, 즉흥적인

---

stick은 sting이 다른 나라에서 사용되면서 변형된 것으로 '찌르다'는 뜻과 찌른 후 떨어지지 않게 되는 '붙이다'라는 뜻이 되었고, 명사로 '막대기'라는 의미로 현재 쓰이고 있다.

---

stick [stik] *n.* 막대기 *v.* 찌르다, 붙이다

More Words

stick to ~을 고수하다, ~에 달라붙다

stick with ~을 고수하다(something), ~곁에 머물다(somebody)

stick out 내밀다, 튀어나오다

- We need to constantly **distinguish** right from wrong, and to act appropriately.

  우리는 끊임없이 옳고 그름을 **구별해야** 하며, 적절하게 행동해야 한다.

- The two performances were not very **distinct** from each other.

  그 두 개의 공연은 그다지 **구별되지** 않았다.

- Everyone has **instincts**, and listening to your inner voice is always a good idea.

  모든 사람들은 **직감**을 가지고 있고 내면의 목소리를 듣는 것은 항상 좋은 생각이다.

- Shut your eyes and **stick** your tongue out.

  눈을 감고 입 밖으로 혀를 **내밀어라**.

● 앞에서 학습한 워드맵을 참고하여 다음 영어 단어의 우리말 뜻을 적어보세요.

script _____ → manuscript _____

→ postscript _____

→ transcript _____

describe _____ → description _____

→ descriptive _____

prescribe _____ → prescription _____

subscribe _____ → subscriber _____

→ subscription _____

distinguish _____ → distinct _____

→ distinctive _____

→ distinction _____

extinguish _____ → extinguisher _____

→ extinct _____

→ extinction _____

instinct _____ → instinctive _____

stick _____

Review Test

● 빈칸에 알맞은 단어를 넣어보세요.

01 That story wasn't in the original _____.

저 이야기는 원래 **대본**에는 없었다.

02 This has allowed researchers to _____ sperm whale social groups in detail.

이것은 연구가들로 하여금 향유고래 군거 집단을 자세히 **묘사할** 수 있게 해주었다.

03 We will _____ some medicine for you. You have to take it every five hours.

저희가 약을 **처방해** 드리겠습니다. 다섯 시간마다 반드시 드세요.

04 We will _____ to a number of newspapers and magazines.

우리는 여러 일간지와 잡지를 **구독할** 예정이다.

05 We need to constantly _____ right from wrong, and to act appropriately.

우리는 끊임없이 옳고 그름을 **구별해야** 하며, 적절하게 행동해야 한다.

06 The two performances were not very _____ from each other.

그 두 개의 공연은 그다지 **구별되지** 않았다.

07 Everyone has _____, and listening to your inner voice is always a good idea.

모든 사람들은 **직감**을 가지고 있고 내면의 목소리를 듣는 것은 항상 좋은 생각이다.

08 Shut your eyes and _____ your tongue out.

눈을 감고 입 밖으로 혀를 **내밀어라**.

● 정답 p. 368

1. volve[volute] 구르다, 돌다

'구르다, 돌다'는 뜻에서 나온 involve는 톱니바퀴가 돌 때 안(in)에 있는 작은 톱니바퀴도 따라서 도는(volve) 것에서 유래되었다. 그래서 함께 도는 것을 의미하여 '포함[수반]하다'라는 뜻과 안에서 함께 돌게 만드는 '관련[참여]시키다'라는 뜻이 되었다.

involve [inválv] *v.* 포함[수반]하다, 관련[참여]시키다
→ **involvement** [inválvmənt] *n.* 참여, 관련

evolve는 겨울에 내리는 눈을 뭉쳐서 밖으로 굴리면 점점 크기가 커지는 것처럼 기존의 상태보다 더 크고 좋은 상태가 되는 '발전하다'와 '진화하다'를 뜻한다. 명사형은 evolve를 evolute로 바꾼 후에 -ion을 붙인다.

evolve [iválv] *v.* 발전하다, 진화하다
→ **evolution** [èvəlú:ʃən] *n.* 발전, 진화
→ **evolutionary** [èvəlú:ʃənèri] *a.* 발달의, 진화의

revolve는 멈춰 있던 것을 다시 돌게 만든다고 하여 '회전하다'가 되었고, 명사로 사용되는 revolution은 '회전'이라는 뜻과 기존의 체제를 없애고 다시(re) 새로운 체제로 돌게(volute) 만든다고 하여 '혁명'이라는 뜻이 되었다.

revolve [riválv] *v.* 회전하다
→ **revolution** [rèvəlú:ʃən] *n.* 회전, 혁명
→ **revolutionist** [revəljú:ʃənist] *n.* 혁명가, 개혁가
→ **revolutionize** [rèvəlú:ʃənàiz] *v.* 혁신[대변혁]을 일으키다

More Words

be involved in ~에 관련[연루]되다
Industrial Revolution 산업혁명

 수능 잡는 예문

- We became **involved** in a lawsuit.
  우리는 한 법정 소송에 **연루되었다**.

- During the American **Revolution**, he fought beside George Washington.
  미국 **혁명** 동안 그는 조지 워싱턴 편에서 싸웠다.

- The **evolution** of mankind differs from that of other species.
  인류의 **진화**는 다른 종들의 진화와는 다르다.

- This changed the **evolutionary** pressure that these food plants experienced.
  이것이 이 식용식물들이 겪었던 **진화의** 압박을 바꿨다.

★ volve와 혼동하기 쉬운 vol

vol은 현재 쓰이지 않는 단어로 '의지'라는 뜻이 있었고, 현대영어로 넘어오면서 will로 바뀌어 사용되었다. 따라서 will은 명사로는 '의지'라는 뜻을 갖게 되었고, 또 미래에 무언가를 하려고 하는 의지를 표현하는 '~할[일] 것이다'라는 조동사로도 쓰이게 된 것이다.

will [wil] *n.* 의지 *v.* ~할[일] 것이다
→ **willing** [wíliŋ] *a.* 기꺼이 하는(to)
→ **willingly** [wíliŋli] *ad.* 기꺼이
→ **willingness** [wíliŋnis] *n.* (기꺼이 하는) 의지, 의향
→ **unwilling** [ʌnwíliŋ] *a.* 마지못해 하는
→ **unwillingly** [ʌnwíliŋli] *ad.* 마지못해

vol에서 나온 benevolent는 좋은(bene) 의지(vol)로 다른 사람을 대하는 '인자한, 자비심 많은'이라는 뜻이 되었다.

benevolent [bənévələnt] *a.* 인자한, 자비심 많은
→ **benevolence** [bənévələns] *n.* 자선심, 자비심

malevolent는 나쁜(male) 의지(vol)로 다른 사람을 대하는 '악의적인'을 뜻한다.

malevolent [məlévələnt] *a.* 악의적인
→ **malevolence** [məlévələns] *n.* 악의

volunteer는 vol에서 확장된 volunt에 사람을 의미하는 -eer이 붙어서 생긴 단어로 자신의 의지로 대가 없이 봉사에 참여하는 사람(eer)인 '자원봉사자'를 뜻한다.

volunteer [vàləntíər] *n.* 자원봉사자 *v.* 자원하다
→ **voluntary** [vàləntèri] *a.* 자발적인, 자원봉사 하는
→ **voluntarily** [vàləntérəli] *ad.* 자발적으로

More Words

free will 자유 의지 　　　　　　**good will** 선의, 호의

 수능 잡는 예문

- Successful people are **willing to** work hard, but within certain limits. 성공한 사람들은 **기꺼이** 열심히 일**하지만**, 특정한 한도 내에서 그러하다

- You are the most **benevolent** and gifted person in the world.
  당신은 세상에서 가장 **자비롭고** 재능 있는 사람이다.

- You returned my kindness with **malevolence**.
  당신은 나의 친절을 **악의**로 갚았다.

- The graph above shows the Canadian **volunteer** rates.
  위의 그래프는 캐나다의 **자원봉사자** 비율을 보여준다.

● 앞에서 학습한 워드맵을 참고하여 다음 영어 단어의 우리말 뜻을 적어보세요.

involve _____ → involvement _____

★ be involved in _____

evolve _____ → evolution _____

→ evolutionary _____

revolve _____ → revolution _____

→ revolutionist _____

→ revolutionize _____

★ Industrial Revolution _____

| 혼동 |

will _____ → willing _____

→ willingly _____

→ willingness _____

→ unwilling _____

→ unwillingly _____

★ free will _____

good will _____

benevolent _____ → benevolence _____

malevolent _____ → malevolence _____

volunteer _____ → voluntary _____

→ voluntarily _____

● 빈칸에 알맞은 단어를 넣어보세요.

01 We became _____ in a lawsuit.

우리는 한 법정 소송에 **연루되었다**.

02 During the American _____, he fought beside George Washington.

미국 **혁명** 동안 그는 조지 워싱턴 편에서 싸웠다.

03 The _____ of mankind differs from that of other species.

인류의 **진화**는 다른 종들의 진화와는 다르다.

04 This changed the _____ pressure that these food plants experienced.

이것이 이 식용식물들이 겪었던 **진화의** 압박을 바꿨다.

05 Successful people are _____ to work hard, but within certain limits.

성공한 사람들은 **기꺼이** 열심히 일하지만, 특정한 한도 내에서 그러하다

06 You are the most _____ and gifted person in the world.

당신은 세상에서 가장 **자비롭고** 재능 있는 사람이다.

07 You returned my kindness with _____.

당신은 나의 친절을 **악의**로 갚았다.

08 The graph above shows the Canadian _____ rates.

위의 그래프는 캐나다의 **자원봉사자** 비율을 보여준다.

● 정답 p. 368

cide[cise] 자르다

1. cide[cise] 자르다

cide[cise]는 처음에는 '자르다'라는 뜻이었고, 나중에는 사람 또한 자른다고 하여 '죽이다'라는 뜻도 되었던 단어다. '자르다'라는 뜻에서 파생된 decide는 여러 개의 주제나 질문 중에서 자신이 원하는 것만 따로(de) 잘라내서(cide) 선택한다고 하여 '결정하다, 결심하다'라는 뜻이 되었다.

decide [disáid] *v.* 결정하다, 결심하다
- → **decision** [disíʒən] *n.* 결정, 결심
- → **decisive** [disáisiv] *a.* 결정적인, 결단력이 있는
- → **decisiveness** [disáisivnis] *n.* 결단[결정]력
- → **indecisive** [indisáisiv] *a.* 우유부단한
- → **indecisiveness** [indisáisivnis] *n.* 우유부단함

concise는 함께(con) 뭉쳐진 덩어리에 쓸데없는 부분들을 잘라낸다고(cise) 하여 '간결한'이라는 뜻이 되었다.

concise [kənsáis] *a.* 간결한 → **concisely** [kənsáisli] *ad.* 간결하게

precise는 미리(pre) 재서 한 치의 오차도 없이 제대로 자르려고(cise) 한다고 해서 '정확한'이라는 뜻이 된 단어이다.

precise [prisáis] *a.* 정확한
- → **precisely** [prisáisli] *ad.* 정확히
- → **precision** [prisíʒən] *n.* 정확, 정밀

More Words

★ '죽이다'의 cide에서 파생된 어휘들

suicide [sjúːəsàid] *n.* 자살

homicide [hάməsàid] *n.* 살인

pesticide [péstisàid] *n.* 살충제, 농약

'죽이다'라는 뜻에서 나온 suicide는 자신(sui)을 죽인다고 하여 '자살'이라는 뜻이 된 것이고, homicide는 사람(homi)을 죽인다고 하여 '살인'이라는 뜻이 되었다. 또 '해충'을 의미하는 pest와 합쳐진 pesticide는 해충을 죽이는 '살충제'를 뜻한다.

수능 잡는 예문

- He **decided** to clean his room. The job looked overwhelming at first.

  그는 자신의 방을 청소하기로 **결심했다**. 그 일은 처음에는 매우 힘들 것처럼 보였다.

- When you're making a **decision**, following your instincts is necessary but not sufficient.

  결정을 내릴 때 직관에 따르는 것은 필요하지만 충분하지는 않다.

- She delivered her message clearly and **concisely**.

  그녀는 명확하고 **간결하게** 메시지를 전달했다.

- The **precise** frequencies affect the overall sound of a musical piece and the sound of the instruments.

  정확한 진동수들은 악곡의 전체 음향과 악기들의 소리에 영향을 준다.

★ '자르다'의 cide [cise]와 혼동하기 쉬운 '떨어지다'의 cide

앞에서 설명한 cide[cise]와 혼동하기 쉬운 '떨어지다'라는 뜻의 cide가 있다. 이 단어에서 유래된 accident는 앞쪽(ac)에서 갑자기 무언가 떨어져서(cide) 발생하게 된 '사고'라는 뜻이 되었고, 사고는 갑자기 일어나고 발생한 것이기에 '우연'이라는 뜻도 지니게 되었다.

accident [ǽksidənt] *n.* 사고, 우연
→ **accidental** [æksədéntl] *a.* 우연한
→ **accidentally** [æksədéntli] *ad.* 우연히, 뜻하지 않게

cide에서 변형되어 파생된 case는 어떠한 일 등이 자신에게 직접 떨어져서 발생하게 된 '경우'나 '상황'을 의미하고 소송 중인 '사건'으로도 쓰이고 있다. case가 일반적으로 발생하게 된 경우나 상황이라면 case에서 파생된 occasion은 아주 특별한 '상황'이나 경우'를 의미하고, 또 아주 특별하게 열리게 되는 '행사'로도 사용된다.

case [keis] *n.* 경우, 상황, 사건
→ **occasion** [əkéiʒən] *n.* 행사, 상황, 경우[때]
→ **occasional** [əkéiʒənəl] *a.* 가끔의
→ **occasionally** [əkéiʒənəli] *ad.* 때때로, 가끔

accident가 자동차나 여행 중에 발생할 수 있는 사고라면 현대영어에서 사용되지 않는 incide는 범죄로 인해 벌어지는 사건 등이 '일어나다'라는 뜻이었다. 따라서 여기서 파생된 incident가 '사건'을 뜻하게 된 것이고 '함께'를 의미하는 co와 합쳐진 coincide는 '동시에 일어나다'라는 뜻이 되었다.

incident [ínsədənt] *n.* 사건

coincide [kòuinsáid] *v.* 동시에 일어나다, 일치하다

→ **coincidence** [kouínsidəns] *n.* (우연의) 일치

→ **coincident** [kouínsidənt] *a.* 일치하는

→ **coincidentally** [kouinsidéntli] *ad.* 일치하여

More Words

by accident 우연히, 뜻하지 않게

in case ~한다면

in that[this] case 그런[이런] 경우라면, 그렇다면

in any case 어떤 경우든, 어쨌든

on one occasion 어떤 때, 어느 날

 수능 잡는 예문

- It was difficult to determine exactly where the **accident** had taken place.

  사고가 정확히 어느 지점에서 일어났는지 결정하기는 어려웠다.

- An author may vary his style by presenting the **incidents** out of the natural order.

  작가는 자연적인 순서에서 벗어나도록 **사건**을 기술함으로써 그의 스타일에 변화를 줄 수도 있다.

- It was sheer **coincidence** that they met.

  그들이 만난 것은 순전히 **우연의 일치**였다.

- **Occasional** gusts of wind broke boughs.

  이따금씩 돌풍이 불어 가지를 부러뜨렸다.

Word Mapping

● 앞에서 학습한 워드맵을 참고하여 다음 영어 단어의 우리말 뜻을 적어보세요.

decide _____ → decision _____

→ decisive _____

→ decisiveness _____

→ indecisive _____

→ indecisiveness _____

concise _____ → concisely _____

precise _____ → precisely _____

→ precision _____

★suicide _____

homicide _____

pesticide _____

| 혼동 |

accident _____ → accidental _____

→ accidentally _____

★by accident _____

case _____ → occasion _____

→ occasional _____

→ occasionally _____

⋆ in case _____

in that[this] case _____

in any case _____

on one occasion _____

incident _____

coincide _____ → coincidence _____

→ coincident _____

→ coincidentally _____

● 빈칸에 알맞은 단어를 넣어보세요.

01 He _____ to clean his room. The job looked overwhelming at first.

그는 자신의 방을 청소하기로 **결심했다**. 그 일은 처음에는 매우 힘들 것처럼 보였다.

02 When you're making a _____, following your instincts is necessary but not sufficient.

결정을 내릴 때 직관에 따르는 것은 필요하지만 충분하지는 않다.

03 She delivered her message clearly and _____.

그녀는 명확하고 **간결하게** 메시지를 전달했다.

04 The _____ frequencies affect the overall sound of a musical piece and the sound of the instruments.

정확한 진동수들은 악곡의 전체 음향과 악기들의 소리에 영향을 준다.

05 It was difficult to determine exactly where the _____ had taken place.

사고가 정확히 어느 지점에서 일어났는지 결정하기는 어려웠다.

06 An author may vary his style by presenting the _____ out of the natural order.

작가는 자연적인 순서에서 벗어나도록 **사건**을 기술함으로써 그의 스타일에 변화를 줄 수도 있다.

07 It was sheer _____ that they met.

그들이 만난 것은 순전히 **우연의 일치**였다.

08 _____ gusts of wind broke boughs.

이따금씩 돌풍이 불어 가지를 부러뜨렸다.

● 정답 p. 368

clude[cluse] / close 닫다

1. clude[cluse] 닫다

라틴어인 clude[cluse]는 '닫다'라는 뜻이었고 이 단어에서 파생된 단어들은 clude를 cluse로 바꾼 후 뒤에 -ion, -ive을 붙여서 만들어졌다. 먼저 conclude는 여러 가지 주제나 논쟁을 함께(con) 다 닫아(clude) 버리고 하나의 주제를 정한다고 하여 '결론을 내리다'라는 뜻이 되었다.

conclude [kənklúːd] v. 결론을 내리다
→ **conclusion** [kənklúːʒən] n. 결론, 결말
→ **conclusive** [kənklúːsiv] a. 결정적인
→ **conclusively** [kənklúːsivli] ad. 결정적으로

exclude는 안에 있는 사람을 밖(e)으로 다 내쫓고 문을 닫는다고(clude) 하여 '차단하다, 배제하다'라는 뜻이 되었다.

exclude [iksklúːd] v. 차단하다, 배제하다
→ **exclusion** [iksklúːʒən] n. 차단, 배제, 제외
→ **exclusive** [iksklúːsiv] a. 독점적인, 배타적인 n. 독점 기사
→ **exclusively** [iksklúːsivli] ad. 독점적으로, 배타적으로

include는 이렇게 문을 닫으면서(clude) 쫓아낸 후 자신에게 필요한 것만 안으로 (in) 넣는다고 하여 '포함하다'라는 뜻이 되었다.

include [inklúːd] v. 포함하다
→ **inclusion** [inklúːʒən] n. 포함
→ **inclusive** [inklúːsiv] a. 포함한, 포괄적인

in conclusion 결론적으로, 마지막으로

jump to conclusions 성급하게 결론을 내리다

to the exclusion of ~을 제외하고

 수능 잡는 예문

- We **concluded** that the drug was safe.
  우리는 그 약이 안전하다고 **결론지었다**.

- I've come to the **conclusion** that we'll have to sell the house.
  나는 우리가 집을 팔아야 한다는 **결론**을 내리게 되었다.

- When you photograph people, remember to get closer to them to **exclude** unwanted objects.
  인물 사진을 찍을 때 원치 않는 사물들을 **배제시키려면** 사람에게 더욱 가까이 가야 함을 기억하라.

- The physical appearance **includes** facial expressions, eye contact, and general appearance.
  외모는 얼굴 표정, 시선, 그리고 전체적인 모습을 **포함한다**.

2. close 닫다

앞에서 배운 cluse가 현대영어로 넘어 오면서 close로 변형되었다. close는 '닫다'라는 뜻을 그대로 유지하면서 나중에는 형용사로도 사용하게 되어 '가까운'이라는 뜻도 지니게 되었다. 아래에서 볼 수 있듯이 closing과 closure는 close의 동사의 뜻에서 파생된 단어이고, closely와 closeness는 close의 형용사 뜻에서 파생되어 나온 단어이다. 앞에서 -clude 형태의 동사에서 파생된 명사들은 -clusion 형태가 되었던 반면 -close 형태의 동사에는 -ure를 붙여 명사를 만들 수 있다.

close [klouz] *v.* 닫다, 폐쇄하다, 끝내다 [klous] *a.* 가까운, 밀접한, 자[상]세한

→ **closing** [klóuziŋ] *a.* 마무리 짓는

→ **closure** [klóuʒər] *n.* 닫힘, 종료

→ **closely** [klóusli] *ad.* 가까이, 밀접하게, 재[상]세히

→ **closeness** [klóusnis] *n.* 가까움

따라서 안(en)을 닫는다고(close) 하여 생겨난 enclose(둘러싸다, 동봉하다)의 명사는 enclosure(둘러쌈)가 되었다.

enclose [inklóuz] *v.* 둘러싸다, 동봉하다

→ **enclosed** [inklóuzd] *a.* 둘러싸인, 동봉된

→ **enclosure** [inklóuʒər] *n.* 둘러쌈, 동봉된 것

닫히고(close) 숨겨진 것을 반대로(dis) 열어 사람들에게 알리는 '폭로하다'라는 뜻으로 사용되는 disclose의 명사는 disclosure(폭로)이다.

disclose [disklóuz] *v.* 폭로하다, 드러내다

→ **disclosure** [disklóuʒər] *n.* 폭로, (드러난) 사실

 수능 잡는 예문

- It had to **close** in 1888 because of a lack of money.
  그것은 1888년에 자금 부족으로 문을 **닫아야** 했다.

- The inspector observed his behavior **closely**.
  그 조사관은 그의 행동을 **면밀하게** 관찰했다.

- The building was **enclosed** with wire mesh.
  그 건물에는 철망이 **둘러쳐져** 있었다.

- The newspaper will **disclose** details of the agreement.
  그 신문은 계약에 관한 세부사항을 **밝힐** 것이다.

● 앞에서 학습한 워드맵을 참고하여 다음 영어 단어의 우리말 뜻을 적어보세요.

conclude _____ → conclusion _____
                          → conclusive _____
                          → conclusively _____

exclude _____   → exclusion _____
                          → exclusive _____
                          → exclusively _____

include _____   → inclusion _____
                          → inclusive _____

close _____   → closing _____
                          → closure _____
                          → closely _____
                          → closeness _____

enclose _____   → enclosed _____
                          → enclosure _____

disclose _____ → disclosure _____

● 빈칸에 알맞은 단어를 넣어보세요.

01 We _____ that the drug was safe.

우리는 그 약이 안전하다고 **결론지었다**.

02 I've come to the _____ that we'll have to sell the house.

나는 우리가 집을 팔아야 한다는 **결론**을 내리게 되었다.

03 When you photograph people, remember to get closer to them to _____ unwanted objects.

인물 사진을 찍을 때 원치 않는 사물들을 **배제시키려면** 사람에게 더욱 가까이 가야 함을 기억하라.

04 The physical appearance _____ facial expressions, eye contact, and general appearance.

외모는 얼굴 표정, 시선, 그리고 전체적인 모습을 **포함한다**.

05 It had to _____ in 1888 because of a lack of money.

그것은 1888년에 자금 부족으로 문을 **닫아야** 했다.

06 The inspector observed his behavior _____.

그 조사관은 그의 행동을 **면밀하게** 관찰했다.

07 The building was _____ with wire mesh.

그 건물에는 철망이 **둘러쳐져** 있었다.

08 The newspaper will _____ details of the agreement.

그 신문은 계약에 관한 세부사항을 **밝힐** 것이다.

● 정답 p. 369

pend[pense] 매달다, 무게를 달다

1. pend[pense] 매달다

depend는 '아래(de) 매달려(pend) 있다'는 기본 뜻에서 현재는 위에 있는 사람에게 매달려 있는 것을 의미하여 '의존[의지]하다'라는 뜻이 된 단어이다.

depend [dipénd] v. ~에 의존[의지]하다, 믿다(on)
→ **depend**able [dipéndəbl] a. 믿을 만한
→ **depend**ent [dipéndənt] a. 의존[의지]하는
→ **depend**ence [dipéndəns] n. 의존[의지]
→ **in**depend**ent** [indipéndənt] a. 독립적인, 독립성을 지닌
→ **in**depend**ence** [indipéndəns] n. 독립

suspend도 아래(sus) 매달려(pend) 있다는 뜻을 가진 단어였다. 현재도 원뜻 그대로인 '매달다'라는 뜻과 지금 끝내지 않고 나중에 하기 위해 아래에(sus) 매달아 (pend) 놓는 '연기하다, 유예하다'라는 뜻이 있다.

suspend [səspénd] v. 매달다, 연기하다, 유예하다
→ **suspen**sion [səspénʃən] n. 매달기, 정지, 정학

impend는 동굴 안(im)에 매달려(pend) 있는 돌(종유석) 등이 언제든지 금방 떨어질 것 같은 상황을 표현하여 '임박하다'라는 뜻이 되었다.

impend [impénd] v. 임박하다 → **impend**ing [impéndiŋ] a. 임박한

More Words
depending on ~에 따라서
suspension bridge 현수교

- The success of human beings **depends** crucially **on** persistence.
  인간의 성공은 결정적으로 끈기에 **달려 있다**.

- He is completely **dependent on** his parents for everything.
  그는 모든 것을 완전히 부모에 **의존한다**.

- Two bags were **suspended** from his neck.
  가방 두 개가 그의 목에 **매달려** 있었다.

- He announced his **impending** retirement from international football.
  그는 국제 축구에서의 은퇴가 **임박했음**을 발표했다.

2. pend [pense] 무게를 달다

과거에는 돈이라는 것이 없었기에 팔 물건을 저울에 매달아 본 후 이와 유사한 가치가 있는 물건을 반대쪽에 달아 물물교환을 하였기에 pend는 '매달다'라는 뜻이 확장되어 물건을 양쪽에 매달아 보는 '무게를 달다'라는 뜻도 가지게 되었다.

'무게를 달다'는 뜻에서 나온 expend는 자신이 소유한 물건을 무게를 잰 후 밖으로 (ex) 내보낸다고 하여 '소비하다'라는 뜻이 된 것이고, 이 단어가 변형된 spend도 같은 뜻을 지니고 있다.

---

expend [ikspénd] *v.* 소비하다
→ **spend** [spend] *v.* (돈을) 쓰다, (시간을) 소비하다
  → **spending** [spéndiŋ] *n.* 소비, 지출
→ **expenditure** [ikspénditʃər] *n.* 지출, 비용
→ **expense** [ikspéns] *n.* 지출, 비용
  → **expensive** [ikspénsiv] *a.* 비싼
  → **expensively** [ikspénsivli] *ad.* 비싸게
  → **inexpensive** [inikspénsiv] *a.* 비싸지 않은
  → **inexpensively** [inikspénsivli] *ad.* 싸게, 저렴하게

---

compensate는 양쪽에 똑같이(com) 무게를 달아(pend) 준다는 기본 뜻이 확장되어 잘못된 부분에 대해 원래와 똑같이 값어치를 매겨준다고 하여 '보상하다'라 뜻으로 사용하게 되었다.

compensate [kámpənsèit] *v.* 보상하다

→ **compensation** [kàmpənséiʃən] *n.* 보상[배상]

→ **compensatory** [kəmpénsətɔ̀:ri] *a.* 보상[배상]의

 수능 잡는 예문

- Once again, they discussed the company's **expenses** and dwindling revenue.
  또 다시, 그들은 회사의 **지출**과 줄어드는 수익에 대해 논의를 했다.

- To be a scientist, you don't need an **expensive** laboratory.
  과학자가 되기 위해서 당신에게 **값비싼** 실험실이 필요하지는 않다.

- I had to restrict our **expenditures** on clothes.
  나는 옷에 대한 **지출**을 제한해야만 했다.

- He tried to think of a way to **compensate** her for the damage.
  그는 그 손실에 대해 그녀에게 **보상할** 방법을 생각하려고 노력했다.

● 앞에서 학습한 워드맵을 참고하여 다음 영어 단어의 우리말 뜻을 적어보세요.

depend _____ → dependable _____
→ dependent _____
→ dependence _____
→ independent _____
→ independence _____

suspend _____ → suspension _____

impend _____ → impending _____

expend _____ → spend _____
→ spending _____
→ expenditure _____
→ expense _____
→ expensive _____
→ expensively _____
→ inexpensive _____
→ inexpensively _____

compensate _____ → compensation _____
→ compensatory _____

● 빈칸에 알맞은 단어를 넣어보세요.

01 The success of human beings ＿＿＿＿＿＿＿＿ crucially on persistence.

인간의 성공은 결정적으로 끈기에 **달려 있다**.

02 He is completely ＿＿＿＿＿＿＿＿ ＿＿＿＿＿＿＿＿ his parents for everything.

그는 모든 것을 완전히 부모**에 의존한다**.

03 Two bags were ＿＿＿＿＿＿＿＿ from his neck.

가방 두 개가 그의 목에 **매달려** 있었다.

04 He announced his ＿＿＿＿＿＿＿＿ retirement from international football.

그는 국제 축구에서의 은퇴가 **임박했음**을 발표했다.

05 Once again, they discussed the company's ＿＿＿＿＿＿＿＿ and dwindling revenue.

또 다시, 그들은 회사의 **지출**과 줄어드는 수익에 대해 논의를 했다.

06 To be a scientist, you don't need an ＿＿＿＿＿＿＿＿ laboratory.

과학자가 되기 위해서 당신에게 **값비싼** 실험실이 필요하지는 않다.

07 I had to restrict our ＿＿＿＿＿＿＿＿ on clothes.

나는 옷에 대한 **지출**을 제한해야만 했다.

08 He tried to think of a way to ＿＿＿＿＿＿＿＿ her for the damage.

그는 그 손실에 대해 그녀에게 **보상할** 방법을 생각하려고 노력했다.

● 정답 p. 369

Unit 43 ceed[cess] 가다

1. ceed[cess] 가다

ceed[cess]는 현재 쓰이지 않는 단어로 '가다'라는 뜻이었다. 이 단어에 '밖'을 의미하는 ex가 붙어서 생긴 exceed는 기존에 정해져 있는 틀 밖(ex)으로 넘어 간다고 (ceed) 하여 '초과하다, 능가하다'라는 뜻이 되었다.

exceed [iksíːd] *v.* 초과하다, 능가하다
→ **excess** [iksés] *n.* 지나침, 과잉
→ **excess**ive [iksésiv] *a.* 과도한, 지나친
→ **excess**ively [iksésivli] *ad.* 과도하게, 지나치게

proceed는 앞으로(pro) 멈추지 않고 가는(ceed) 것을 의미하기에 '진행하다'라는 뜻과 명사로 일을 진행하면서 얻게 되는 '수익금'이라는 뜻을 가지게 되었다.

proceed [prəsíːd] *v.* 진행하다 *n.* (*pl.*) 수익금
→ **process** [práses] *n.* 과정, 처리 *v.* 처리하다
→ **process**ion [prəséʃən] *n.* 행렬, 행진

succeed는 가장 아래(suc)에서부터 차곡차곡 배워 위에 있는 사람을 따라 가는 (ceed) 것을 의미하여 '뒤를 잇다'라는 뜻으로 먼저 사용되다가 후에 이러한 노력을 통해 '성공하다'라는 또 다른 뜻이 생기게 되었다.

succeed [səksíːd] *v.* 성공하다, 뒤를 잇다
→ **success**ion [səkséʃən] *n.* 연속, 승계
→ **success**or [səksésər] *n.* 후계자, 상속인
→ **success**ive [səksésiv] *a.* 연속적인
→ **success** [səksés] *n.* 성공, 출세

→ **success**ful [səksésfəl] *a.* 성공적인, 성공한

→ **success**fully [səksésfəli] *ad.* 성공적으로

access는 원하는 쪽(ac)으로 가까이 간다고(cess) 하여 '접근'이라는 뜻과 언제든지 쉽게 접근하여 사용할 수 있다고 하여 '이용가능(성)'이라는 뜻도 지니게 되었다.

acCess [ǽkses] *n.* 접근, 이용가능(성) *v.* 접근하다, 이용 가능하다

→ **access**ible [æksésəbl] *a.* 접근 가능한, 이용 가능한

→ **inaccess**ible [inəksésəbl] *a.* 접근하기 어려운

 수능 잡는 예문

- However, the aircraft's weight cannot **exceed** 2,000 kilograms.

  그러나 항공기 무게는 2천 킬로그램을 **초과할** 수 없다.

- The paper-making **process** starts when a tree is cut down.

  종이를 제조하는 **과정**은 나무를 자르면서 시작된다.

- Many of those who have **succeeded** in life have excellent concentration skills.

  인생에서 **성공한** 사람들 중 다수는 뛰어난 집중력을 가지고 있다.

- We can **access** these stories wirelessly by mobile devices as well as our computers.

  우리는 우리의 컴퓨터뿐만 아니라 모바일 기기에 의해 무선으로 이 이야기들에 **접근할** 수 있다.

2. cede[cess] 가다 / cess 포기하다

ceed처럼 cede도 '가다'는 뜻을 지닌 단어였다. 그래서 recede는 뒤(re)로 가는 것을 의미하여 '물러나다'라는 뜻과 뭉쳐 있던 덩어리가 점점 뒤(re)로 빠져나간다고 하여 '감소하다'라는 뜻도 지니게 되었다.

recede [risíːd] *v.* 물러나다, 감소하다 → **recess**ion [riséʃən] *n.* 후퇴, 불황

이 단어와 마찬가지로 pre(미리, 전)와 합쳐진 precede는 남들보다 미리(pre) 가 (cede) 있는 것을 표현하여 '앞서다'라는 뜻이 되었다.

precede [prisíːd] *v.* 앞서다
- → **prec**edent [présədənt] *a.* 앞서는 *n.* 전례, 선례
- → **prec**edented [présidəntid] *a.* 전례[선례]가 있는
- → un**prec**edented [ʌnprésidəntid] *a.* 전례[선례]가 없는

간다는 것은 기존에 자신이 가지고 있던 것을 다 놓고 떠나는 것을 의미하기에 cess 는 나중에 '포기하다'라는 뜻으로도 사용했다. 그래서 부정을 의미하는 ne와 합쳐져 생긴 necessity는 절대 포기할(cess) 수 없는(ne) 꼭 있어야 하는 것을 표현하여 '필수품, 필요(성)'이라는 뜻이 되었다.

necessity [nəsésəti] *n.* 필수품, 필요(성)
necessary [nésəsèri] *a.* 필요한
- → **ne**cessarily [nèsəsérəli] *ad.* 필연적으로
- → un**ne**cessary [ʌnnésəsèri] *a.* 불필요한
- → un**ne**cessarily [ʌnnèsəsérəli] *ad.* 쓸데없이

More Words

not necessarily 반드시 ~한 것은 아니다

- The city is sliding into the depths of a **recession**.

  그 도시는 깊은 **불황**으로 빠져들고 있다.

- The accident is **unprecedented** in modern times.

  그 사건은 현대에 들어서는 **전례가 없는** 일이다.

- Why is it **necessary** to buy a child's cooperation with rewards and treats?

  보상과 대접으로 아이들의 협력을 얻는 것이 왜 **필요할까**?

- This "no pain, no gain" approach is extremely stressful, and leads to **unnecessary** injuries.

  '고통 없이는 얻어지는 것이 없다'라는 이 접근 방식은 매우 스트레스를 주며, **불필요한** 부상을 유발한다.

● 앞에서 학습한 워드맵을 참고하여 다음 영어 단어의 우리말 뜻을 적어보세요.

exceed _____ → excess _____
                       → excessive _____
                       → excessively _____

proceed _____ → process _____
                       → procession _____

succeed _____ → succession _____
                       → successor _____
                       → successive _____
                       → success _____
                       → successful _____
                       → successfully _____

access _____ → accessible _____
                       → inaccessible _____

recede _____ → recession _____

precede _____ → precedent _____
                       → precedented _____
                       → unprecedented _____

necessity _____

necessary _____ → necessarily _____

→ unnecessary _____

→ unnecessarily _____

★ not necessarily _____

● 빈칸에 알맞은 단어를 넣어보세요.

01 However, the aircraft's weight cannot _____ 2,000 kilograms.

그러나 항공기 무게는 2천 킬로그램을 **초과할** 수 없다.

02 The paper-making _____ starts when a tree is cut down.

종이를 제조하는 **과정**은 나무를 자르면서 시작된다.

03 Many of those who have _____ in life have excellent concentration skills.

인생에서 **성공한** 사람들 중 다수는 뛰어난 집중력을 가지고 있다.

04 We can _____ these stories wirelessly by mobile devices as well as our computers.

우리는 우리의 컴퓨터뿐만 아니라 모바일 기기에 의해 무선으로 이 이야기들에 **접근할** 수 있다.

05 The city is sliding into the depths of a _____.

그 도시는 깊은 **불황**으로 빠져들고 있다.

06 The accident is _____ in modern times.

그 사건은 현대에 들어서는 **전례가 없는** 일이다.

07 Why is it _____ to buy a child's cooperation with rewards and treats?

보상과 대접으로 아이들의 협력을 얻는 것이 왜 **필요할까**?

08 This "no pain, no gain" approach is extremely stressful, and leads to _____ injuries.

'고통 없이는 얻어지는 것이 없다'라는 이 접근 방식은 매우 스트레스를 주며, **불필요한** 부상을 유발한다.

● 정답 p. 369

Unit 44   vert[verse] 바꾸다, 돌다

1. vert[verse] 바꾸다, 돌다 ❶

'바꾸다'라는 뜻을 지니고 있던 vert[verse]에서 파생된 version은 기존의 것을 바꾸어 새로 만드는 것을 의미하여 '변형'이라는 뜻이 되었고, 또 이전 것에서 새롭게 변형해서 낸 '판'이라는 뜻으로도 사용되는 단어이다.

convert는 기존에 함께 지니고 있던 상태를 다른 것으로 바꾸는 '전환하다'라는 뜻과 종교를 완전히 바꾸는 '개종하다'라는 뜻이 되었다.

---

version [vɔ́ːrʒən] *n.* 변형, 판, 해석

---

convert [kənvɔ́ːrt] *v.* 전환하다, 개종하다 [kánvəːrt] *n.* 개종자
  → **conversion** [kənvɔ́ːrʒən] *n.* 전환, 개종
  → **converse** [kánvəːrs] *n.* 정반대 *a.* 정반대의
  → **conversely** [kənvɔ́ːːrsli] *ad.* 정반대로, 역으로

---

converse는 convert에서 파생되어 '정반대'를 뜻하기도 하지만 나중에 영어로 들어와 동사로 쓰이게 된 converse도 있다. 동사 converse는 '돌다'라는 뜻에서 나왔기에 함께(con) 돌아가면서(verse) 말을 한다고 하여 '대화하다'라는 뜻이 되었다.

---

converse [kənvɔ́ːrs] *v.* 대화하다
  → **conversation** [kɑ̀nvərséiʃən] *n.* 대화

---

controvert는 다른 사람의 의견에 반대로(contro) 돌려(vert) 말을 한다고 하여 '반박[논쟁]하다'라는 뜻이 된 단어이다.

controvert [kántrəvə̀:rt] *v.* 반박[논쟁]하다

→ **controversy** [kántrəvə̀:rsi] *n.* 논쟁, 논란

→ **controversial** [kàntrəvə́:rʃəl] *a.* 논란의 여지가 있는

vert에서 나온 introvert는 안으로만(intro) 도는 사람을 의미하여 '내향적인 사람'을 뜻한다.

introvert [íntrəvə̀:rt] *n.* 내향적인 사람

→ **introverted** [íntrəvə̀:rtid] *a.* 내향적인

→ **introversion** [intrəvə́:rʒən] *n.* 내향(성)

이와 반대로 extrovert는 밖으로(extro) 도는 사람을 의미하여 '외향적인 사람'을 뜻하게 되었다.

extrovert [ékstrəvə̀:rt] *n.* 외향적인 사람

→ **extroverted** [ékstrəvə̀:rtid] *a.* 외향적인

→ **extroversion** [èkstrəvə́:rʒən] *n.* 외향(성)

수능 잡는 예문

- The soil was **converted** to crops and pasture land.
  그 토양은 농경지와 목초지로 **전환되었다**.

- They **conversed** quietly in the corner of the room.
  그들은 방 한구석에서 조용히 **대화했다**.

- The audience is starting a boycott of the **controversial** play.
  관객들은 그 **논란의 여지가 있는** 연극을 보이콧하기 시작했다.

2. vert[verse] 바꾸다, 돌다 ❷

avert는 원래 이상하고 끔찍한 장면을 보고 시선을 이탈(a)시키며 다른 곳으로 돌리는(vert) 것을 의미하던 단어였다. 그래서 지금은 이러한 장면을 눈을 돌려 피하는 것처럼 위기를 모면하려 하는 '피하다'라는 뜻이 되었다.

avert [əvə́ːrt] v. 피하다
→ **averse** [əvə́ːrs] a. 싫어하는(to)
→ **aversion** [əvə́ːrʒən] n. 싫어함, 혐오

advert는 사람들의 관심을 잡기 위해 시선을 사람들 쪽(ad)으로 돌리는(vert) '주의를 돌리다'라는 뜻이고, 이 단어를 통해서 나온 advertise는 사람들의 관심을 잡기 위해 하는 '광고하다'가 되었다. 또 advert에서 나온 adverse는 사람들의 관심을 잡을 수밖에 없는 어려운 상황을 표현하여 '불리한, 불운한'이 되었다.

advert [ædvə́ːrt] v. 주의를 돌리다
→ **advertise** [ǽdvərtàiz] v. 광고하다
→ **advertiser** [ǽdvərtàizər] n. 광고주
→ **advertisement** [ædvərtáizmənt] n. 광고
→ **adverse** [ædvə́ːrs] a. 불리한, 불운의
→ **adversity** [ædvə́ːrsəti] n. 역경, 불운

diverse는 한쪽이 아닌 여러 곳을 따로따로(di) 돈다고 하여 '다양한'이라는 뜻이 되었다.

diverse [daivə́ːrs] a. 다양한
→ **diversity** [daivə́ːrsəti] n. 다양성
→ **biodiversity** [bàioudivə́ːrsəti] n. 생물 다양성

'하나'를 의미하는 uni와 결합하여 생긴 universe는 태양을 중심으로 전체가 도는 '우주'를 뜻한다.

universe [júːnəvə̀ːrs] *n.* 우주, 전 세계

    → **universal** [jùːnəvə́ːrsəl] *a.* 보편적인, 전 세계적인

reverse는 뒤(re)로 돌리기(verse)에 '반대로 하다'라는 뜻이 되었다.

reverse [rivə́ːrs] *v.* 반대로 하다, 뒤바꾸다 *n.* 정반대, 되감기

anniversary는 매년(anni) 돌아(verse)오는 날을 의미하여 '기념일'이 되었다.

anniversary [æ̀nəvə́ːrsəri] *n.* 기념일

 수능 잡는 예문

- We are **averse** to revealing the sources of our news.
  우리는 우리가 알고 있는 뉴스의 출처를 밝히기를 **싫어한다**.

- We need people to help with telephone calls from customers placing **advertisements** in our newspaper.
  우리는 우리 신문에 **광고**를 게재하고자 하는 고객들의 전화를 받을 사람들이 필요하다.

- The media provides us with **diverse** and opposing views.
  대중 매체는 **다양하고** 대립되는 시각들을 우리에게 제공해준다.

- Today is Susan's 70th birthday and 30th wedding **anniversary** as well.
  오늘은 수잔의 70번째 생일이자 30번째 결혼**기념일**이다.

Word Mapping

● 앞에서 학습한 워드맵을 참고하여 다음 영어 단어의 우리말 뜻을 적어보세요.

version _____

convert _____ → conversion _____
　　　　　　　　　　　　　 → converse(명사, 형용사) _____
　　　　　　　　　　　　　 → conversely _____

converse(동사) _____ → conversation _____

controvert _____ → controversy _____
　　　　　　　　　　　　 → controversial _____

introvert _____ → introverted _____
　　　　　　　　　　　　 → introversion _____

extrovert _____ → extroverted _____
　　　　　　　　　　　　 → extroversion _____

avert _____ → averse _____
　　　　　　　　　　 → aversion _____

advert _____ → advertise _____

→ advertiser _____

→ advertisement _____

→ adverse _____

→ adversity _____

diverse _____ → diversity _____

→ biodiversity _____

universe _____ → universal _____

reverse _____

anniversary _____

● 빈칸에 알맞은 단어를 넣어보세요.

01 The soil was ＿＿＿＿＿＿ to crops and pasture land.

그 토양은 농경지와 목초지로 **전환되었다**.

02 They ＿＿＿＿＿＿ quietly in the corner of the room.

그들은 방 한구석에서 조용히 **대화했다**.

03 The audience is starting a boycott of the ＿＿＿＿＿＿ play.

관객들은 그 **논란의 여지가 있는** 연극을 보이콧하기 시작했다.

04 We are ＿＿＿＿＿＿ to revealing the sources of our news.

우리는 우리가 알고 있는 뉴스의 출처를 밝히기를 **싫어한다**.

05 We need people to help with telephone calls from customers placing ＿＿＿＿＿＿ in our newspaper.

우리는 우리 신문에 **광고**를 게재하고자 하는 고객들의 전화를 받을 사람들이 필요하다.

06 The media provides us with ＿＿＿＿＿＿ and opposing views.

대중 매체는 **다양하고** 대립되는 시각들을 우리에게 제공해준다.

07 Today is Susan's 70th birthday and 30th wedding ＿＿＿＿＿＿ as well.

오늘은 수잔의 70번째 생일이자 30번째 결혼**기념일**이다.

● 정답 p. 369

1. pose 놓다 ❶

pose는 원래 동사로 '놓다'라는 뜻을 지니고 있던 단어였기에 현재는 행동이나 동작을 놓는 '자세'라는 뜻이 되었다. 그 후 pose는 잘못된 점들을 놓는다고 하여 '제기하다'라는 뜻도 지니게 되었다.

pose [pouz] *n.* 자세, 포즈 *v.* (문제 등을) 제기하다
→ **position** [pəzíʃən] *n.* 위치, 자리[지위], 자세
→ **positive** [pázətiv] *a.* 긍정적인
→ **positively** [pázətivli] *ad.* 긍정적으로

앞에 dis가 붙은 dispose는 따로(dis) 치워 놓는다고 하여 '처리하다(of)'라는 뜻이 되었다.

dispose [dispóuz] *v.* ~을 처리[처분]하다(of)
→ **disposal** [dispóuzəl] *n.* 처리, 처분
→ **disposable** [dispóuzəbl] *a.* 일회용의

propose는 자신의 의견을 앞(pro)에 놓는 것을 의미하여 '제안[제시]하다'라는 뜻으로 쓰이게 되었다.

propose [prəpóuz] *v.* 제안[제시]하다
→ **proposal** [prəpóuzəl] *n.* 제안
→ **proposition** [pràpəzíʃən] *n.* 제안[제시]

'아래'를 의미하는 sup(sub에서 변형)이 붙어서 생긴 suppose는 분명치 않은 근거를 아래(sup)에 내어놓는다고 하여 '가정하다'라는 뜻이 되었다.

suppose [səpóuz] *v.* ~을 가정하다, 추측하다
→ **supposition** [sʌ̀pəzíʃən] *n.* 가정, 추측

oppose는 다른 사람의 의견에 반대로(op) 놓는다고 하여 '반대하다'라는 뜻으로 사용하게 되었다.

oppose [əpóuz] *v.* 반대하다
→ **opposition** [ʌ̀pəzíʃən] *v.* 반대, 저항, 야당
→ **opposite** [ɑ́pəzit] *a.* 반대의 *n.* 반대(의 것)

More Words

be supposed to ~하기로 되어 있다, ~해야 한다
be opposed to ~에 반대하다

🎓 **수능 잡는 예문**

- In short, you occupy several different **positions** in the complex structure of society.
  간단히 말하면, 당신은 사회의 복잡한 구조 안에서 여러 가지 **지위**를 차지하고 있는 것이다.

- Children and adults alike want to hear **positive** remarks.
  어린이와 어른 모두 **긍정적인** 말을 듣고 싶어 한다.

- They **proposed** changing the name of the company.
  그들은 회사명을 바꿀 것을 **제안했다.**

- **Suppose** you mention the name of your new neighbor to a friend.
  당신이 친구에게 새로운 이웃의 이름을 언급한다고 **가정해보자.**

2. pose 놓다 ❷

compose는 여러 가지 것들을 함께(com) 하나로 짜 놓는다(pose)고 하여 '구성하다'
라는 뜻과 음악을 구성하는 '작곡하다'라는 뜻이 된 단어이다. 또 decompose는 구성
한 것을 떼어(de) 놓아 '분해되다'라는 뜻이 되었다.

compose [kəmpóuz] *v.* 구성하다, 작곡[작문]하다
→ **compose**r [kəmpóuzər] *n.* 작곡가
→ **composi**tion [kàmpəzíʃən] *n.* 구성, 작곡, 작문
→ **decompose** [dìːkəmpóuz] *v.* 분해되다

앞에 '밖'을 의미하는 ex가 붙어서 만들어진 expose는 사람들에게 보이기 위해 물건
등을 밖에 놓는다고 하여 '노출시키다'라는 뜻으로 쓰이게 된 단어이다.

expose [ikspóuz] *v.* 노출시키다
→ **exposi**tion [èkspəzíʃən] *n.* 박람회(= expo)
→ **exposu**re [ikspóuʒər] *n.* 노출

purpose는 자신의 생각이나 마음을 이루고자 하는 쪽으로 놓게(pose) 된다고 하여
'목적'이라는 뜻이 되었다.

purpose [pə́ːrpəs] *n.* 목적, 의도

'아래'를 의미하는 de가 붙어서 만들어진 deposit은 귀중한 물건을 아래(de)에 저장
해 놓는다는 원래의 뜻이 확장되어 현재는 안전한 장소인 은행에 돈을 놓는 '예금하
다'라는 뜻이 되었다.

deposit [dipázit] *v.* 예금하다, (동전 등을) 넣다 *n.* 예금, 보증금

be composed of ~로 구성되어 있다

be exposed to ~에 노출되다

on purpose 고의로

 수능 잡는 예문

- "Emerging" countries **are composed of** numerous unique individuals and communities.

  '신흥' 국가들은 수많은 독특한 개인과 공동체로 **구성되어 있다**.

- At night she attended classes in **composition** and developed her writing skills.

  그녀는 야간에 작문 수업에 참여해 자신의 **작문** 실력을 길렀다.

- **Expose** your child to as many things, places, and people as possible.

  당신의 아이를 가능한 한 많은 물건과 장소, 사람들에게 **노출시켜라**.

- Visiting the theater was not merely for the **purpose** of entertainment.

  극장에 가는 것이 단지 오락을 **목적**으로 하는 것은 아니다.

Word Mapping

● 앞에서 학습한 워드맵을 참고하여 다음 영어 단어의 우리말 뜻을 적어보세요.

pose _____ → position _____

→ positive _____

→ positively _____

dispose _____ → disposal _____

→ disposable _____

propose _____ → proposal _____

→ proposition _____

suppose _____ → supposition _____

★ be supposed to _____

oppose _____ → opposition _____

→ opposite _____

★ be opposed to _____

compose _____ → composer _____

→ composition _____

→ decompose _____

★ be composed of _____

expose _____ → exposition _____

→ exposure _____

★ be exposed to _____

purpose _____

★ on purpose _____

deposit _____

● 빈칸에 알맞은 단어를 넣어보세요.

01 In short, you occupy several different _____ in the complex structure of society.

간단히 말하면, 당신은 사회의 복잡한 구조 안에서 여러 가지 **지위**를 차지하고 있는 것이다.

02 Children and adults alike want to hear _____ remarks.

어린이와 어른 모두 **긍정적인** 말을 듣고 싶어 한다.

03 They _____ changing the name of the company.

그들은 회사명을 바꿀 것을 **제안했다**.

04 _____ you mention the name of your new neighbor to a friend.

당신이 친구에게 새로운 이웃의 이름을 언급한다고 **가정해보자**.

05 "Emerging" countries are _____ of numerous unique individuals and communities.

'신흥' 국가들은 수많은 독특한 개인과 공동체로 **구성되어** 있다.

06 At night she attended classes in _____ and developed her writing skills.

그녀는 야간에 작문 수업에 참여해 자신의 **작문** 실력을 길렀다.

07 _____ your child to as many things, places, and people as possible.

당신의 아이를 가능한 한 많은 물건과 장소, 사람들에게 **노출시켜라**.

08 Visiting the theater was not merely for the _____ of entertainment.

극장에 가는 것이 단지 오락을 **목적**으로 하는 것은 아니다.

● 정답 p. 369

1. tain

'잡다'는 뜻을 지니고 있던 tain에서 파생된 attain은 자신이 목표(at)로 삼은 것을 잡는다(tain)는 의미에서 '성취하다'라는 뜻으로 쓰이게 되었다.

attain [ətéin] *v.* 성취하다, 달성하다
→ **attainment** [ətéinmənt] *n.* 성취, 달성
→ **attainable** [ətéinəbl] *a.* 달성할 수 있는

contain은 자신이 필요한 것들을 함께(con) 잡고(tain) 있다고 하여 '포함하다, 담아내다'라는 뜻이 되었다.

contain [kəntéin] *v.* 포함하다, 담아내다
→ **container** [kəntéinər] *n.* 그릇, 용기
→ **content** [kántent] *n.* 함유, 내용물, 목차

entertain은 '사이(enter)에서 잡다(tain)'는 어근의 뜻을 통해 현재는 사람들 사이(enter)에서 관심을 잡는다고(tain) 하여 '즐겁게 하다'라는 뜻이 되었다.

entertain [èntərtéin] *v.* 즐겁게 하다
→ **entertainer** [èntərtéinər] *n.* 연예인
→ **entertainment** [èntərtéinmənt] *n.* 오락, 환대, 연예

maintain은 라틴어로 '손'을 의미하는 main과 합쳐져 생긴 단어로 손(main)을 놓지 않고 계속 잡고(tain) 있다고 하여 '유지하다'라는 뜻으로 쓰이게 되었다.

maintain [meintéin] *v.* 유지하다

→ **maintenance** [méintənəns] *n.* 유지, 보수, 관리

obtain은 노력을 통해 잡게(tain) 되는 '습득하다, 얻다'라는 뜻으로 쓰인다.

obtain [əbtéin] *v.* 습득하다, 얻다

→ **obtainable** [əbtéinəbl] *a.* 구할 수 있는

sustain은 흔들리지 않게 아래(sus)에서 계속 잡고(tain) 있다는 뜻을 통해 현재는 오랫동안 멈추지 않고 잡고 있는 '지속하다'라는 뜻으로 쓰인다.

sustain [səstéin] *v.* 지속하다

→ **sustainable** [səstéinəbl] *a.* 지속 가능한

→ **sustainability** [səstèinəbíləti] *n.* 지속 가능성

More Words

maintenance office 관리사무실

 수능 잡는 예문

- Fruit peels **contain** essential vitamins and are a source of dietary fiber.
  과일 껍질은 필수 비타민을 **포함하고** 있고 식이 섬유의 원천이다.

- Why not encourage them to **maintain** their routine?
  왜 그들의 일상을 **유지하도록** 장려하지 않는가?

- Some singers will **entertain** you.
  몇 명의 가수가 당신을 **즐겁게 해줄** 것이다.

- In some villages in many developing countries, people **obtain** their water from ponds nearby.
  많은 개발도상국의 몇몇 마을에서는 사람들이 근처 연못에서 식수를 **얻는다**.

2. order [ordin] 순서

order는 1부터 10까지 숫자가 쭉 차례대로 나열되어 있는 '순서'라는 뜻에서 정리되어 있는 '질서'라는 뜻도 나오게 되었다. 그 후 order는 가장 앞에 서 있는 높은 사람이 다음 순서에 있는 사람에게 무언가를 하게 한다고 하여 '명령'이라는 뜻과 손님이 명령을 하는 '주문'이라는 뜻으로도 쓰이게 되었다.

order [ɔ́ːrdər] *n.* 순서, 질서, 명령, 주문 *v.* 명령[주문]하다, 정돈하다
→ **orderly** [ɔ́ːrdərli] *a.* 질서 있는, 정돈된
→ **disorder** [disɔ́ːrdər] *n.* 무질서
→ **disorderly** [disɔ́ːrdərli] *a.* 무질서한

ordin은 다른 나라에서 사용된 단어로 order와 같은 뜻인 '순서'로 쓰인 단어였고, 이 단어에서 파생된 ordinary는 모든 것이 순서대로 진행되고 있는 것을 표현하여 '보통의, 평범한'이라는 뜻이 되었다.

ordinary [ɔ́ːrdənèri] *a.* 보통의, 평범한
→ **extraordinary** [ikstrɔ́ːrdənèri] *a.* 특별한, 비상한

마찬가지로 ordin에서 파생된 coordinate는 같은 순서(ordin)에 있는 사람끼리 함께(co) 뭉친다고 하여 '조직화하다'라는 뜻이 되었다.

coordinate [kouɔ́ːrdineit] *v.* 조직화하다
→ **coordination** [kouɔ́ːrdənéiʃən] *n.* 조직(화)
→ **coordinator** [kouɔ́ːrdənèitər] *n.* 코디네이터

subordinate는 자신의 순서(ordin)보다 밑(sub)에 있는 것을 표현하여 '하급의, 종속된'이라는 뜻이 되었다.

subordinate [səbɔ́ːrdənət] *a.* 하급의, 종속된

→ **subordination** [səbɔ̀ːrdənéiʃən] *n.* 하위, 종속

More Words

out of order 고장 난
in order to ~하기 위해서
in order of ~의 순으로

수능 잡는 예문

- When his kicking became awkward and noisy, we **ordered** him to stop.

  그의 발차기가 서툴고 시끄럽자 우리는 그에게 그만두라고 **명령했다**.

- They were obliged to sell their house **in order to** pay their debts.

  그들은 빚을 갚기 **위하여** 어쩔 수 없이 집을 팔아야 했다.

- If schools only provide knowledge, they may destroy creativity, producing **ordinary** people.

  학교가 지식만을 제공한다면 창의성을 파괴시켜 **평범한** 사람들만을 배출할지도 모른다.

- Whatever their type, heroes are selfless people who perform **extraordinary** acts.

  유형이 어찌되었든 간에 영웅들은 **비상한** 행위를 해내는 이타적인 사람들이다.

Word Mapping

● 앞에서 학습한 워드맵을 참고하여 다음 영어 단어의 우리말 뜻을 적어보세요.

attain _____ → attainment _____

→ attainable _____

contain _____ → container _____

→ content _____

entertain _____ → entertainer _____

→ entertainment _____

maintain _____ → maintenance _____

★ maintenance office _____

obtain _____ → obtainable _____

sustain _____ → sustainable _____

→ sustainability _____

order _____ → orderly _____

→ disorder _____

→ disorderly _____

★ out of order _____

in order to _____

in order of _____

ordinary _____ → extraordinary _____

coordinate _____ → coordination _____

→ coordinator _____

subordinate _____ → subordination _____

● 빈칸에 알맞은 단어를 넣어보세요.

01　Fruit peels ＿＿＿＿＿＿＿ essential vitamins and are a source of dietary fiber.

과일 껍질은 필수 비타민을 **포함하고** 있고 식이 섬유의 원천이다.

02　Why not encourage them to ＿＿＿＿＿＿＿ their routine?

왜 그들의 일상을 **유지하도록** 장려하지 않는가?

03　Some singers will ＿＿＿＿＿＿＿ you.

몇 명의 가수가 당신을 **즐겁게 해줄** 것이다.

04　In some villages in many developing countries, people ＿＿＿＿＿＿＿ their water from ponds nearby.

많은 개발도상국의 몇몇 마을에서는 사람들이 근처 연못에서 식수를 **얻는다**.

05　When his kicking became awkward and noisy, we ＿＿＿＿＿＿＿ him to stop.

그의 발차기가 서툴고 시끄럽자 우리는 그에게 그만두라고 **명령했다**.

06　They were obliged to sell their house ＿＿＿＿＿＿＿ ＿＿＿＿＿＿＿ ＿＿＿＿＿＿＿ pay their debts.

그들은 빚을 갚기 **위하여** 어쩔 수 없이 집을 팔아야 했다.

07　If schools only provide knowledge, they may destroy creativity, producing ＿＿＿＿＿＿＿ people.

학교가 지식만을 제공한다면 창의성을 파괴시켜 **평범한** 사람들만을 배출할지도 모른다.

08　Whatever their type, heroes are selfless people who perform ＿＿＿＿＿＿＿ acts.

유형이 어찌되었든 간에 영웅들은 **비상한** 행위를 해내는 이타적인 사람이다.

● 정답 p. 369

tribe 부족, 종족 spec 보다

1. tribe 부족, 종족

tribe는 '3'을 의미하는 tri와 '있다, 존재하다'라는 뜻을 지닌 be동사가 결합하여 생겨난 단어이다. 그래서 세 부류의 가족들이나 친족들이 뭉쳐서 생긴 '부족, 종족'이라는 뜻이 되었다.

tribe [traib] *n.* 부족, 종족 → **tribal** [tráibl] *a.* 부족의, 종족의

tribe에서 파생된 tribute는 원래 부족의 우두머리에게 바치는 '주다'라는 뜻을 지닌 단어였고, 이 뜻에서 확장되어 현재는 바치는 '공물'이나 '헌사'라는 뜻으로 사용하게 되었다.

tribute [tríbju:t] *n.* 헌새[찬사], 공물

tribute에서 파생된 단어들은 원래의 뜻인 '주다'가 확장되면서 만들어졌다. 먼저 contribute는 자신이 함께(con) 지니고 있는 것을 다른 사람들에게 준다(tribute)고 하여 '기부하다'라는 뜻이 되었고 또 어떠한 일에 도움을 주는 '기여하다'라는 뜻으로도 쓰이게 된 단어이다.

con*tribute* [kəntríbju:t] *v.* 기부하다, 기여하다(to)
> → **contribution** [kὰntrəbjúːʃən] *n.* 기부, 기여
> → **contributor** [kəntríbjutər] *n.* 기부자, 공헌자
> → **contributory** [kəntríbjutɔ̀:ri] *a.* 기여하는

distribute는 따로(dis) 떼어 사람들에게 나눠준다(tribute)고 하여 '배포하다, 분배하다'라는 뜻이 되었다.

distribute [distríbjuːt] *v.* 배포[유통]하다, 분배하다
→ **distribution** [dìstrəbjúːʃən] *n.* 유통, 분배
→ **distributor** [distríbjutər] *n.* 유통업자

attribute는 좋은 것이든 싫은 것이든 상대방(at)에게 원인이나 이유를 건네준다고 하여 '~탓[덕분]으로 돌리다'라는 뜻으로 사용하게 되었다.

attribute [ətríbjuːt] *v.* ~탓[덕분]으로 돌리다

More Words

pay tribute to ~에게 경의를 표하다
be attributed to ~에 기인하다

수능 잡는 예문

- Interestingly, art in **tribal** societies is abandoned after it has served its purpose.
  흥미롭게도, **부족** 사회에서 예술은 그것의 목적에 이바지한 후에는 버려진다.

- The process of writing **contributes** to "the logicalization of thought."
  글을 쓰는 과정은 '생각의 논리화'를 하는 데 **기여한다**.

- He **distributed** a math test.
  그가 수학 시험지를 **나눠주었다**.

- She **attributes** her success to hard work.
  그녀는 자신의 성공을 열심히 노력한 **덕분으로 돌린다**.

2. spec 보다

'보다'라는 뜻을 지닌 spec에서 파생된 special은 눈에 띄게 보이는 것을 표현하여 '특별한'이라는 뜻과 남보다 특별하게 잘 보는 것을 의미하여 '전문의'라는 뜻도 지니게 된 단어이다.

special [spéʃəl] *a.* 특별한, 전문의
→ **specially** [spéʃəli] *ad.* 특별히, 특히
→ **especial** [ispéʃəl] *a.* 특별한
→ **especially** [ispéʃəli] *ad.* 특히
→ **specialist** [spéʃəlist] *n.* 전문가
→ **specialty** [spéʃəlti] *n.* 전공, 전문
→ **specialize** [spéʃəlàiz] *v.* 전공하다, 전문적으로 하다

spec과 동사를 만드는 접미사 -ify가 합쳐진 specify는 잘 볼 수(spec) 있게 만든다 (ify)고 하여 '명시[지정]하다'라는 뜻이 된 단어이다.

specify [spésəfài] *v.* (구체적으로) 명시[지정]하다
→ **specification** [spèsəfikéiʃən] *n.* 명세서, 사양
→ **specific** [spisífik] *a.* 구체적인, 명확한, 특정한
→ **specifically** [spisífikəli] *ad.* 명확하게

speculate는 눈으로만 보는 것이 아닌 마음속에서 생각해 본다고 하여 '추측하다'라는 의미로 쓰이게 된 단어이다.

speculate [spékjulèit] *v.* 추측하다
→ **speculation** [spèkjuléiʃən] *n.* 추측

spectacle은 과거 로마 시대 때 사람들이 즐길 수 있게 눈으로 보는 놀이를 의미했다가 현재는 눈앞에서 벌어지는 '광경'이나 '볼거리'를 뜻하게 되었다.

---

spectacle [spéktəkl] *n.* 광경, 볼거리

→ **spectacular** [spektǽkjulər] *a.* 장관의, 웅장한, 엄청난

---

species도 spec에서 나온 단어로, 보이는 것을 성질이나 특징에 따라 분리해 놓은 것을 의미하여 현재 '종, 종류'라는 뜻이다.

---

species [spíːʃiːz] *n.* 종, 종류

수능 잡는 예문

- One year she asked her mother to prepare a **special** treat for her birthday.

  어느 해에 그녀는 자신의 생일에 **특별한** 대접을 준비해 달라고 엄마에게 요구했다.

- The sermons have been **especially** dry.

  그 설교들은 **특히** 재미없었다.

- The time for **specialized** study is in university and graduate school, not earlier.

  전문적인 공부를 하는 시기는 대학과 대학원에서이지 그 전이 아니다.

- **Specific** instances were detailed in the letters mentioned and in our recent discussions.

  구체적인 예는 언급된 서신과 우리의 최근 논의에서 자세히 설명되었다.

- Each habitat is home to numerous **species**.

  각각의 서식지는 수많은 **종**들의 본거지이다.

Word Mapping

● 앞에서 학습한 워드맵을 참고하여 다음 영어 단어의 우리말 뜻을 적어보세요.

tribe _____ → tribal _____

tribute _____

★ pay tribute to _____

contribute _____ → contribution _____
　　　　　　　　　　　　 → contributor _____
　　　　　　　　　　　　 → contributory _____

distribute _____ → distribution _____
　　　　　　　　　　　　 → distributor _____

attribute _____

★ be attributed to _____

special _____ → specially _____
　　　　　　　　　　 → especial _____
　　　　　　　　　　 → especially _____
　　　　　　　　　　 → specialist _____
　　　　　　　　　　 → specialty _____
　　　　　　　　　　 → specialize _____

specify _____ → specification _____

→ specific _____

→ specifically _____

speculate _____ → speculation _____

spectacle _____ → spectacular _____

species _____

● 빈칸에 알맞은 단어를 넣어보세요.

01 Interestingly, art in _____ societies is abandoned after it has served its purpose.

흥미롭게도, **부족** 사회에서 예술은 그것의 목적에 이바지한 후에는 버려진다.

02 The process of writing _____ to "the logicalization of thought."

글을 쓰는 과정은 '생각의 논리화'를 하는 데 **기여한다**.

03 He _____ a math test.

그가 수학 시험지를 **나눠주었다**.

04 She _____ her success to hard work.

그녀는 자신의 성공을 열심히 노력한 **덕분으로 돌린다**.

05 One year she asked her mother to prepare a _____ treat for her birthday.

어느 해에 그녀는 자신의 생일에 **특별한** 대접을 준비해 달라고 엄마에게 요구했다.

06 The sermons have been _____ dry.

그 설교들은 **특히** 재미없었다.

07 The time for _____ study is in university and graduate school, not earlier.

전문적인 공부를 하는 시기는 대학과 대학원에서이지 그 전이 아니다.

08 _____ instances were detailed in the letters mentioned and in our recent discussions.

구체적인 예는 언급된 서신과 우리의 최근 논의에서 자세히 설명되었다.

09 Each habitat is home to numerous _____.

각각의 서식지는 수많은 **종들**의 본거지이다.

● 정답 p. 369

Unit 48 spect 보다

1. spect 보다 ❶

spec에서 확장된 단어인 spect도 '보다'라는 뜻을 지닌 단어였다. '다시'를 의미하는 re가 붙어서 만들어진 respect는 사람의 행동을 그 전과는 다르게 다시(re) 보게 (spect) 된다고 하여 '존경[존중]'이라는 뜻이 되었다. 후에 respect는 다시 살펴보게 되는 '점, 면'이라는 뜻도 지니게 되었다.

---

respect [rispékt] *n.* 존경[존중], 점, 면 *v.* 존경[존중]하다

→ **respectful** [rispéktfəl] *a.* 존경심을 보이는, 공손한

→ **respectfully** [rispéktfəli] *a.* 공손히, 예의바르게

→ **respectable** [rispéktəbl] *a.* 존경할 만한, 훌륭한

→ **respectably** [rispéktəbli] *ad.* 훌륭히, 꽤

→ **disrespect** [dìsrispékt] *n.* 무례, 결례 *v.* 존중하지 않다, 경멸하다

→ **disrespectful** [dìsrispéktfl] *a.* 무례한

→ **respective** [rispéktiv] *a.* 각각의

→ **respectively** [rispéktivli] *ad.* 각각

---

expect는 '밖'을 의미하는 ex와 spect가 합쳐져 생긴 단어로 시야 밖에 있는 먼 미래를 본다고 하여 '예상하다'라는 뜻과 예상대로 되기를 희망하는 '기대하다'라는 뜻이 되었다.

---

expect [ikspékt] *v.* 예상하다, 기대하다

→ **expected** [ikspéktid] *a.* 예상되는

→ **unexpected** [ʌ̀nikspéktid] *a.* 예기치 못한

→ **unexpectedly** [ʌ̀nikspéktidli] *ad.* 예기치 않게

→ **expectation** [èkspektéiʃən] *n.* 예상, 기대

More Words

life expectancy (기대) 수명

- Old people deserve **respect** for their life experience.
  노인들은 그들의 삶의 경험에 대해 **존경**받아 마땅하다.

- Adapting novels is one of the most **respectable** jobs in Hollywood.
  소설을 각색하는 것은 할리우드에서 가장 **존경할 만한** 직업 중 하나다.

- It is often considered **disrespectful** to argue with family members.
  가족과의 논쟁은 종종 **무례한** 것으로 여겨진다.

- The earth's forests **are expected to** grow smaller in size.
  지구 상의 숲은 그 크기가 점점 감소할 것으로 **예상된다**.

2. spect 보다 ❷ spite 보다

inspect는 안(in)을 자세히 본다고(spect) 하여 '검사하다, 조사하다'라는 뜻으로 사용되는 단어이다.

inspect [inspékt] *v.* 검사하다, 조사하다
→ **inspect**ion [inspékʃən] *n.* 검사, 조사
→ **inspect**or [inspéktər] *n.* 조사관, 경위

suspect는 사람을 믿지 못하기 때문에 아래(su)로 훑어본다고(spect) 하여 '의심하다'라는 뜻이 되었다.

suspect [səspékt] *v.* 의심하다 [sʌ́spekt] *n.* 용의자
→ **suspic**ion [səspíʃən] *n.* 의심, 혐의
→ **suspic**ious [səspíʃəs] *a.* 의심스러운

prospect는 앞(pro)으로 이루어질 일을 판단해 본다고(spect) 하여 '예상, 기대'라는 뜻이 된 단어로, 이 단어에서 파생된 prospective는 형용사로 사용되어 미래가 기대되는 '장래의, 유망한'이라는 뜻이 되었다.

prospect [práspekt] *n.* 예상, 기대, 전망
→ **prospective** [prəspéktiv] *a.* 장래의, 유망한

prospective와 혼동하기 쉬운 perspective는 현재 명사로 쓰이고 있는 단어로, 통과하여(per) 본다고(spect) 하여 안을 꿰뚫어 보는 '관점'이라는 뜻이 되었고, aspect는 바로 눈에 보이는 한 부분이나 어떠한 현상의 한 부분인 '측면'이라는 뜻으로 사용하게 되었다.

perspective [pərspéktiv] *n.* 관점, 견해

aspect [æspekt] *n.* 측면

spite는 spect에서 변형되어 생긴 단어로 현재는 쓰이지 않지만 여기서 in spite of와 despite가 파생되어 나오게 되었다.

in spite of ∼에도 불구하고
despite ∼에도 불구하고

More Words

★ 혼동 어휘

spice [spais] *n.* 향신료
spicy [spáisi] *a.* 향신료를 넣은, 매운

- She **suspected** her little brother ate the chocolate.

  그녀는 남동생이 초콜릿을 먹었다고 **의심했다**.

- There are not very many new job **prospects** these days.

  요즘에는 새로운 일자리에 대한 **전망**이 그다지 크지 않다.

- It is important to be mindful about every single **aspect** of purchasing food.

  식품 구매의 모든 **측면**에 주의를 기울이는 것은 중요하다.

- **Despite** the increase in rice production, the consumption per person dropped.

  쌀 생산량의 증가**에도 불구하고** 1인당 소비량은 감소했다.

● 앞에서 학습한 워드맵을 참고하여 다음 영어 단어의 우리말 뜻을 적어보세요.

respect _____ → respectful _____

→ respectfully _____

→ respectable _____

→ respectably _____

→ disrespect _____

→ disrespectful _____

→ respective _____

→ respectively _____

expect _____ → expected _____

→ unexpected _____

→ unexpectedly _____

→ expectation _____

★ life expectancy _____

inspect _____ → inspection _____

→ inspector _____

suspect _____ → suspicion _____

→ suspicious _____

prospect _____ → prospective _____

perspective _____

aspect _____

in spite of _____
despite _____

● 빈칸에 알맞은 단어를 넣어보세요.

01 Old people deserve _____ for their life experience.
노인들은 그들의 삶의 경험에 대해 **존경**받아 마땅하다.

02 Adapting novels is one of the most _____ jobs in Hollywood.
소설을 각색하는 것은 할리우드에서 가장 **존경할 만한** 직업 중 하나다.

03 It is often considered _____ to argue with family members.
가족과의 논쟁은 종종 **무례한** 것으로 여겨진다.

04 The earth's forests are _____ to grow smaller in size.
지구 상의 숲은 그 크기가 점점 감소할 것으로 **예상된다**.

05 She _____ her little brother ate the chocolate.
그녀는 남동생이 초콜릿을 먹었다고 **의심했다**.

06 There are not very many new job _____ these days.
요즘에는 새로운 일자리에 대한 **전망**이 그다지 크지 않다.

07 It is important to be mindful about every single _____ of purchasing food.
식품 구매의 모든 **측면**에 주의를 기울이는 것은 중요하다.

08 _____ the increase in rice production, the consumption per person dropped.
쌀 생산량의 증가**에도 불구하고** 1인당 소비량은 감소했다.

● 정답 p. 369

port 나르다

1. port 나르다 ❶

port는 원래 '나르다'라는 의미를 지니고 있던 단어였지만 현재는 이 뜻으로 사용되진 않고 외국으로 물건을 나르기 위한 장소인 '항구'로 쓰이게 되었다. 이 단어에서 나온 passport는 항구(port)를 통과(pass)할 때 필요한 '여권'이라는 뜻이 되었고, airport 는 배가 아닌 비행기로 사람이나 물건을 나르는 장소인 '공항'을 뜻하게 되었다.

port [pɔːrt] *n.* 항구
→ **pass**port [pǽspɔːrt] *n.* 여권
→ **air**port [ɛ́ərpɔ̀ːrt] *n.* 공항
→ **port**able [pɔ́ːrtəbl] *a.* 휴대용의
→ **port**ability [pɔ̀ːrtəbíləti] *n.* 휴대 가능, 이동성

export는 밖(ex)으로 물건을 나른다고 하여 '수출하다'라는 뜻이 되었다.

export [ikspɔ́ːrt] *v.* 수출하다 [ékspɔːrt] *n.* 수출 → **export**er [ikspɔ́ːrtər] *n.* 수출국

이와 반대로 import는 안(im)으로 물건을 나르기에 '수입하다'라는 뜻으로 쓰이게 되었다.

import [impɔ́ːrt] *v.* 수입하다 [ímpɔːrt] *n.* 수입
→ **import**er [impɔ́ːrtər] *n.* 수입국
→ **import**ance [impɔ́ːrtəns] *n.* 중요성, 중대함
→ **import**ant [impɔ́ːrtənt] *a.* 중요한
→ **import**antly [impɔ́ːrtəntli] *ad.* 중요하게
→ **un**import**ance** [ʌ̀nimpɔ́ːrtəns] *n.* 하찮음
→ **un**import**ant** [ʌ̀nimpɔ́ːrtənt] *a.* 중요하지 않은, 하찮은

🔍 수능 잡는 예문

- His laptop computer is **portable** and very easy to use.

  그의 노트북은 **휴대용이며** 사용하기에 매우 편리하다.

- In recent years, Colombia has not received much money from its **exports**.

  최근 콜롬비아는 **수출**로 많은 돈을 벌지 못했다.

- These are things of the utmost **importance** to human happiness.

  이것들이 인간의 행복에 가장 **중요한** 것들이다.

2. **port** 나르다 ❷

transport는 한 장소에 있던 물건을 다른 쪽(trans)으로 나른다고(port) 하여 '이동시키다'라는 뜻이 된 단어이다.

transport [trænspɔ́ːrt] *v.* 이동시키다, 수송하다

→ **transportation** [trænspərtéiʃən] *n.* 교통, 수송

report는 자신이 직접 경험한 일을 다른 사람들도 알 수 있게 다시(re) 내용을 나른다고(port) 하여 '보고하다, 신고하다'로 쓰이게 되었다.

report [ripɔ́ːrt] *v.* 보고하다, 신고하다 *n.* 보고서, 보도

→ **reporter** [ripɔ́ːrtər] *n.* 기자

support는 아래(sup)로 옮겨져(port) 위에 있는 것을 받친다고 하여 '지지[지원]하다'라는 뜻이고, 이렇게 도움을 주고 지지해주는 사람을 supporter라고 한다.

support [səpɔ́ːrt] *v.* 지지[지원]하다, 부양하다 *n.* 지지, 지원
→ **supporter** [səpɔ́ːrtər] *n.* 지지[지원]자
→ **supportive** [səpɔ́ːrtiv] *a.* 도움이 되는, 지지가 되는

★ **port**에서 파생한 것으로 혼동하기 쉬운 어휘

portion은 port에서 나온 단어가 아닌 '부분/나누다'를 의미하는 part가 변형되어 나온 단어로 현재는 나누어서 가지게 되는 '몫, 부분'으로 쓰인다.

portion [pɔ́ːrʃən] *n.* 몫, 부분
→ **proportion** [prəpɔ́ːrʃən] *n.* 비율, 균형
→ **proportionate** [prəpɔ́ːrʃənit] *a.* 비례하는, 균형 잡힌

More Words

public transportation 대중교통

 수능 잡는 예문

- Buses **transport** many people throughout the area.
  버스는 지역 곳곳에서 많은 사람들을 **수송한다**.

- He had been putting off doing his chemistry **report** which was due on Monday. 그는 월요일이 제출 기한인 화학 **보고서** 작성을 미뤄왔었다.

- A large **portion** of cash will be used to pay for this basic fuel.
  많은 **양**의 현금이 이 기본적인 연료를 사기 위해 사용될 것이다.

● 앞에서 학습한 워드맵을 참고하여 다음 영어 단어의 우리말 뜻을 적어보세요.

port _____ → passport _____

→ airport _____

→ portable _____

→ portability _____

export _____ → exporter _____

import _____ → importer _____

→ importance _____

→ important _____

→ importantly _____

→ unimportance _____

→ unimportant _____

transport _____ → transportation _____

report _____ → reporter _____

support _____ → supporter _____

→ supportive _____

| 혼동 |

portion _____ → proportion _____

→ proportionate _____

● 빈칸에 알맞은 단어를 넣어보세요.

01 His laptop computer is _____ and very easy to use.

그의 노트북은 **휴대용**이며 사용하기에 매우 편리하다.

02 In recent years, Colombia has not received much money from its _____.

최근 콜롬비아는 **수출**로 많은 돈을 벌지 못했다.

03 These are things of the utmost _____ to human happiness.

이것들이 인간의 행복에 가장 **중요**한 것들이다.

04 Buses _____ many people throughout the area.

버스는 지역 곳곳에서 많은 사람들을 **수송한다**.

05 He had been putting off doing his chemistry _____ which was due on Monday.

그는 월요일이 제출 기한인 화학 **보고서** 작성을 미뤄 왔었다.

06 A large _____ of cash will be used to pay for this basic fuel.

많은 **양**의 현금이 이 기본적인 연료를 사기 위해 사용될 것이다.

● 정답 p. 369

Unit 50 — fer 옮기다

1. fer 옮기다 ❶

fer는 현대영어에서는 사용되지 않는 단어로 '옮기다'라는 의미로 사용되었던 단어이다. 이 단어에 '함께'를 의미하는 con이 결합한 confer는 서로 다른 의견을 올바른 쪽으로 함께(con) 옮긴다고(fer) 하여 '상의하다(with)'라는 뜻이 되었다.

confer [kənfə́:r] *v.* 상의하다(with)
→ **confer**ence [kánfərəns] *n.* 회의, 회담

differ는 남과 다르게 자신만의 생각을 따로(dif) 옮겨(fer) 놓는다고 하여 '다르다'라는 뜻이 된 단어이다.

differ [dífər] *v.* 다르다
→ **differ**ence [dífərəns] *n.* 차이(점)
→ **differ**ent [dífərənt] *a.* 다른
→ **differ**ently [dífərəntli] *ad.* 다르게
→ in**differ**ence [indífərəns] *n.* 무관심
→ in**differ**ent [indífərənt] *a.* 무관심한
→ in**differ**ently [indífərəntli] *ad.* 무관심하게

infer는 글의 내용 중 일부를 자신의 생각 안(in)으로 옮긴(fer) 후 자신만의 결과로 만들어 낸다고 하여 '추론하다'라는 뜻이 되었다.

infer [infə́:r] *v.* 추론하다
→ **infer**ence [ínfərəns] *n.* 추론
→ **infer**ential [infərénʃəl] *a.* 추론에 의한, 추론의

prefer는 왕이 가장 마음에 들어 하는 병사를 가장 앞(pre)쪽으로 옮긴다고(fer) 하여 '선호하다'라는 뜻이 되었다.

prefer [prifə́ːr] *v.* 선호하다
→ **preference** [préfərəns] *n.* 선호, 애호
→ **preferable** [préfərəbl] *a.* 선호되는, 더 나은

transfer는 한쪽에 있던 장소에서 가로질러(trans) 다른 장소로 옮긴다고 하여 '이동하다, 전학가다'라는 뜻이 된 단어이다.

transfer [trǽnsfəːr] *v.* 이동하다, 전학가다 *n.* 전이, 이동

 수능 잡는 예문

- Written language may **differ** from spoken language, in style.
  문어는 형식에 있어서 구어와 **다를** 수 있다.

- The evolution of mankind **differs** from that of other species.
  인류의 진화는 다른 종들의 진화와는 **다르다**.

- We take it for granted that people of **different** ages behave differently.
  우리는 연령대가 다른 사람들은 행동 방식이 **다르다**는 것을 당연한 것으로 간주한다.

- Because of **indifference** to and destruction of their natural habitats, some wild plants confront an uncertain future.
  자연 서식지에 대한 **무관심**과 파괴 때문에 일부 야생 식물들은 불확실한 미래에 직면해 있다.

- Nowadays, many young people seem to **prefer** surfing the Internet to reading books.
  요즈음에는 많은 젊은이들이 독서보다 인터넷 서핑을 **선호하는** 것 같다.

2. fer 옮기다 ❷ fert 낳다

'뒤'를 의미하는 re와 합쳐진 refer는 현재보다 뒤(re)인 과거에 다른 사람이 작성한 글을 옮겨(fer) 가지고와 자신이 직접 살펴보고 비교한다고 하여 '참조하다'라는 뜻이 되었다. 그 후 refer는 이렇게 참조된 내용을 사용하는 '인용하다'라는 뜻과 참조된 내용이 무엇인지 말한다고 하여 '나타내다, 언급하다'라는 뜻으로도 사용하게 되었다.

refer [rifə́ːr] *v.* 참조하다, 인용하다, 나타내다, 언급하다(to)
→ **reference** [réfərəns] *n.* 참조(문), 언급
→ **referee** [rèfəríː] *n.* 심판, 주심

offer는 자신이 가지고 있는 것을 다른 쪽에 있는 사람에게 옮긴다고 하여 '제공하다'가 된 단어이다.

offer [ɔ́ːfər] *v.* 제공하다 *n.* 제공 → **offering** [ɔ́ːfəriŋ] *n.* 공물, 제물, 헌금

suffer는 가장 힘들고 어려운 밑바닥으로 옮겨진 것을 의미하여 '고통받다'라는 뜻이 되었다.

suffer [sʌ́fər] *v.* 고통받다, ~을 겪다 → **suffering** [sʌ́fəriŋ] *n.* 고통

fer에서 확장되어 생겨난 fert는 암컷이 자신의 뱃속에서 밖으로 새끼를 옮긴다고 하여 '낳다'라는 뜻이 된 단어이다.

fertile [fə́ːrtl] *a.* 다산의, 풍부한
→ **fertility** [fərtíləti] *n.* 다산, 비옥함
→ **infertile** [infə́ːrtəl] *a.* 불모의, 불임의
→ **infertility** [infəːrtíləti] *n.* 불모, 불임
→ **fertilize** [fə́ːrtəlàiz] *v.* 비옥하게 하다
→ **fertilizer** [fə́ːrtəlàizər] *n.* 비료

More Words

refer to A as B A를 B처럼 여기다

- Habitat diversity **refers to** the variety of places where life exists.
  서식지 다양성이란 생물이 존재하는 장소들의 다양성을 **말하는 것이다**.

- We **suffered** a serious flood this past summer.
  우리는 지난여름 심각한 홍수를 **겪었다**.

- They **offer** the chance to meet new people in a safe environment.
  그들은 안전한 환경에서 새로운 사람을 만날 수 있는 기회를 **제공한다**.

- To start with, you need **fertile** soil to make the vine's roots go deep into the soil.
  우선, 덩굴 뿌리가 흙 안으로 깊이 파고 들어갈 수 있는 **비옥한** 토양이 필요하다.

Word Mapping

● 앞에서 학습한 워드맵을 참고하여 다음 영어 단어의 우리말 뜻을 적어보세요.

confer _____ → conference _____

differ _____ → difference _____
→ different _____
→ differently _____
→ indifference _____
→ indifferent _____
→ indifferently _____

infer _____ → inference _____
→ inferential _____

prefer _____ → preference _____
→ preferable _____

transfer _____

refer _____ → reference _____
→ referee _____

★ refer to A as B _____

offer _____ → offering _____

suffer _____ → suffering _____

fertile _____ → fertility _____

→ infertile _____

→ infertility _____

→ fertilize _____

→ fertilizer _____

● 빈칸에 알맞은 단어를 넣어보세요.

01 Written language may _____ from spoken language, in style.

문어는 형식에 있어서 구어와 **다를** 수 있다.

02 The evolution of mankind _____ from that of other species.

인류의 진화는 다른 종들의 진화와는 **다르다**.

03 We take it for granted that people of _____ ages behave differently.

우리는 연령대가 **다른** 사람들은 행동 방식이 다르다는 것을 당연한 것으로 간주한다.

04 Because of _____ to and destruction of their natural habitats, some wild plants confront an uncertain future.

자연 서식지에 대한 **무관심**과 파괴 때문에 일부 야생 식물들은 불확실한 미래에 직면해 있다.

05 Nowadays, many young people seem to _____ surfing the Internet to reading books.

요즘에는 많은 젊은이들이 독서보다 인터넷 서핑을 **선호하는** 것 같다.

06 Habitat diversity _____ to the variety of places where life exists.

서식지 다양성이란 생물이 존재하는 장소들의 다양성을 **말하는 것이다**.

07 We _____ a serious flood this past summer.

우리는 지난여름 심각한 홍수를 **겪었다**.

08 They _____ the chance to meet new people in a safe environment.

그들은 안전한 환경에서 새로운 사람을 만날 수 있는 기회를 **제공한다**.

09 To start with, you need _____ soil to make the vine's roots go deep into the soil.

우선, 덩굴 뿌리가 흙 안으로 깊이 파고 들어갈 수 있는 **비옥한** 토양이 필요하다.

● 정답 p. 369

gen [gener, genu, gn] 탄생

1. gen [gener, genu, gn] 탄생

'탄생'을 의미하는 gen에서 생겨난 gene은 부모로부터 태어나면서 물려받는 '유전 자'로 사용하게 된 단어이고, indigenous는 대대로 한 지역 안(indi)에 쭉 태어나서 (gen) 자란 사람이나 사물을 표현하여 '토착의, 원산의'라는 뜻이 된 단어이다.

gene [dʒi:n] *n.* 유전자
→ **genetic** [dʒənétik] *a.* 유전의
→ **genetically** [dʒənétikəli] *ad.* 유전적으로

indigenous [indídʒənəs] *a.* 토착의, 원산의

gener 또한 '탄생'을 의미하는 gen에서 확장된 단어인데 여기에 -ate가 붙어서 생긴 generate는 무언가를 탄생시킨다고 하여 '발생시키다, 만들어내다'라는 뜻으로 사용 하게 되었다.

generate [dʒénərèit] *v.* 발생시키다, 만들어내다
→ **generator** [dʒénərèitər] *n.* 발전기
→ **generation** [dʒènəréiʃən] *n.* 발생, 세대

general [dʒénərəl] *a.* 일반적인, 전반적인 *n.* 장군, 장
→ **generally** [dʒénərəli] *ad.* 일반적으로
→ **generalize** [dʒénərəlàiz] *v.* 보편화하다

generous [dʒénərəs] *a.* 관대한, 후한
→ **generously** [dʒénərəsli] *ad.* 관대하게
→ **genero**sity [dʒènərásəti] *n.* 관용, 후함

genuine은 남의 자식이 아닌 자신에게서 탄생(genu)한 친 자식을 표현하여 '진짜의'라는 뜻이 된 단어이다.

genuine [dʒénjuin] *a.* 진짜의, 진심의
→ **genuinely** [dʒénjuinli] *ad.* 진심으로

pregnant는 아기가 탄생(gn)하기 바로 전(pre)을 형용사로 표현하여 '임신한'이라는 뜻이 되었다.

pregnant [prégnənt] *a.* 임신한 → **pregnancy** [prégnənsi] *n.* 임신

More Words

for generations 몇 대에 걸쳐서
in general 일반적으로, 대개

 수능 잡는 예문

- You can't change your **genes**.
  당신의 자신 **유전자**를 바꿀 수 없다.

- Its influence over a **generation** was unparalleled.
  한 **세대**에 걸친 그것의 영향에 필적할 만한 것이 없었다.

- Our evolution has led to very **generalized** capabilities.
  우리의 진화는 매우 **보편화된** 능력으로 이어졌다.

- You were so **generous** that you took our breath away.
  당신이 매우 **관대해서** 우리를 감동시켰습니다.

- Where there is **genuine** interest, one may work diligently without even realizing it.

  진심으로 흥미가 있다면 심지어 그것을 깨닫지 못하면서 열심히 일할지도 모른다.

★ '지니다, 참다, 낳다'의 bear

여기서 학습할 bear는 명사로 '곰'을 의미하는 bear가 아닌 동사로 사용되는 bear이다. 이 bear는 어떠한 특징이나 고통, 감정 등을 가지고 있다고 하여 '지니다'라는 뜻으로 쓰인다. bear는 또 고통이나 아픔을 계속 지니고 버텨낸다고 하여 '참다'라는 뜻이 되었고, 후에 어미가 고통을 참고 참아서 새끼를 출산한다고 하여 '낳다, 생산하다'라는 뜻도 지니게 되었다.

bear가 bir로 바뀐 후 명사를 만드는 접미사 -th가 붙어서 생긴 birth는 이렇게 낳게된 '탄생'을 의미하게 되었다.

bear의 과거형은 bore이고 과거분사형은 borne이다. 나중에 이 borne이 변형되어 생긴 born은 새끼를 낳게 된 것을 표현하여 '태어난'이라는 뜻이 되었다.

---

bear [bɛər] *v.* 지니다, 참다, 낳다, 생산하다
- → **bearable** [béərəbl] *a.* 참을 수 있는
- → **unbearable** [ʌnbéərəbl] *a.* 참을 수 없는
- → **birth** [bə:rθ] *n.* 탄생, 출생
- → **born** [bɔ:rn] *a.* 태어난
- → **unborn** [ʌnbɔ́:rn] *a.* 태어나지 않은

More Words

bear in mind 명심하다

birthday [bə́:rθdèi] *n.* 생일

newborn [nú:bɔ́:rn] *a.* 갓 난

★ 혼동 어휘

  bear [bɛər] *n.* 곰

  beard [biərd] *n.* 턱수염

- In this respect, he **bears** similarity to them in many ways.

  이런 점에서, 그는 그들과 여러 방면에서 유사성을 **지니고 있다**.

- The situation at home was almost **unbearable**.

  본국의 상황이 거의 **참을 수 없을** 지경에 이르렀다.

- While awaiting the **birth** of their new baby, they furnished a room as the nursery.

  그들은 아기의 **탄생**을 기다리면서 방 하나를 아기 방으로 꾸며 놓았다.

- Giorgio Vasari, the Italian painter, architect, and writer, was **born** in Arezzo in 1511.

  이탈리아 화가이자 건축가이자 작가인 조르조 바사리는 1511년 아레초에서 **태어났다**.

● 앞에서 학습한 워드맵을 참고하여 다음 영어 단어의 우리말 뜻을 적어보세요.

gene _____ → genetic _____

→ genetically _____

indigenous _____

generate _____ → generator _____

→ generation _____

★ for generations _____

general _____ → generally _____

→ generalize _____

★ in general _____

generous _____ → generously _____

→ generosity _____

genuine _____ → genuinely _____

pregnant _____ → pregnancy _____

bear _____ → bearable _____

→ unbearable _____

→ birth _____

→ born _____

→ unborn _____

★ bear in mind _____

birthday _____

newborn _____

Review Test

● 빈칸에 알맞은 단어를 넣어보세요.

01 You can't change your _____.
당신은 자신의 **유전자**를 바꿀 수 없다.

02 Its influence over a _____ was unparalleled.
한 **세대**에 걸친 그것의 영향에 필적할 만한 것이 없었다.

03 Our evolution has led to very _____ capabilities.
우리의 진화는 매우 **보편화된** 능력으로 이어졌다.

04 You were so _____ that you took our breath away.
당신이 매우 **관대해서** 우리를 감동시켰습니다.

05 Where there is _____ interest, one may work diligently without even realizing it.
진심으로 흥미가 있다면 심지어 그것을 깨닫지 못하면서 열심히 일할지도 모른다.

06 In this respect, he _____ similarity to them in many ways.
이런 점에서, 그는 그들과 여러 방면에서 유사성을 **지니고 있다**.

07 The situation at home was almost _____.
본국의 상황이 거의 **참을 수 없을** 지경에 이르렀다.

08 While awaiting the _____ of their new baby, they furnished a room as the nursery.
그들은 아기의 **탄생**을 기다리면서 방 하나를 아기 방으로 꾸며 놓았다.

09 Giorgio Vasari, the Italian painter, architect, and writer, was _____ in Arezzo in 1511.
이탈리아 화가이자 건축가이자 작가인 조르조 바사리는 1511년 아레초에서 **태어났다**.

● 정답 p. 369

Unit 52 · spire 호흡하다 · care[cure] 돌봄

1. spire 호흡하다

spire는 현재 쓰이지 않는 단어로 숨을 쉬는 '호흡하다'라는 뜻이었다. 이 단어에서 나온 inspire는 안(in)에 호흡을 불어(spire) 넣어주는 것처럼 좋은 생각을 불어 넣는다고 하여 '영감을 주다'라는 뜻과 안에 힘을 불어넣어주는 '고무시키다'라는 뜻이 되었다.

inspire [inspáiər] *v.* 영감을 주다, 고무시키다
→ **inspiration** [inspəréiʃən] *n.* 영감, 고무
→ **inspirational** [inspəréiʃənl] *a.* 영감을 주는

aspire는 자신이 원하고 바라는 일에(a) 모든 숨을 몰아쉰다고 하여 '열망하다'라는 뜻이 되었다.

aspire [əspáiər] *v.* 열망하다 → **aspiration** [æspəréiʃən] *n.* 열망

respire는 spire가 현대영어에서 사용되지 않기 때문에 '호흡하다'라는 뜻을 그대로 받아서 쓰게 된 단어이다.

respire [rispáiər] *v.* 호흡하다
→ **respiration** [rèspəréiʃən] *n.* 호흡
→ **respirator** [réspərèitər] *n.* 인공호흡기
→ **respiratory** [réspərətɔ̀ːri] *a.* 호흡의, 호흡기관의

expire는 '밖'을 의미하는 ex가 붙어 s가 생략된 단어로 과거에는 호흡을 다해 더 이상 숨 쉬지 않는 것을 의미했지만 현재는 더 이상 쓸 수 없는 것을 표현하여 '만료[만기]되다'라는 뜻으로 쓰이게 되었다.

> **expire** [ikspáiər] *v.* 만료[만기]되다
>
> → **expiration** [èkspəréiʃən] *n.* 만료, 만기(= expiry)

마지막으로 spire에서 파생된 spirit은 사람이 죽은 후 호흡이 빠져나가 보이지 않게 되는 존재를 표현하여 '영혼'이라는 뜻으로 쓰이게 되었다.

> **spirit** [spírit] *n.* 영혼, 정신
>
> → **spiritual** [spíritʃuəl] *a.* 영적의, 정신의
>
> → **spiritually** [spíritʃuəli] *ad.* 정신적으로

More Words

evil spirit 악령

holy spirit 성령

 수능 잡는 예문

- Even if they fail, their determination lives on to **inspire** the rest of us.

  그들이 비록 실패하더라도, 그들의 결심은 살아서 우리를 **고무시킨다**.

- The contract will **expire** on November 25.

  그 계약은 11월 25일에 **만료될** 것이다.

- He has helped people find a shelter for their **spirit**.

  그는 사람들로 하여금 **영혼**의 쉼터를 발견하도록 도와왔다.

2. care[cure] 돌봄

care는 암컷이 자신의 새끼를 보살피는 '돌봄'이라는 뜻의 단어이다. 여기서 확장되어 나중에는 신경을 써서 돌보는 '주의, 관심'이라는 뜻도 생기게 되었고, 또 새끼가 무슨 일이 생길까 끊임없이 관심을 갖는 '걱정'이라는 뜻도 가지게 되었다.

care [kɛər] *n.* 돌봄, 주의, 관심, 걱정 *v.* 걱정하다
- → **careful** [kέərfəl] *a.* 주의 깊은, 세심한
- → **carefully** [kέərfəli] *ad.* 주의하여, 신중히
- → **careless** [kέərlis] *a.* 부주의한
- → **carelessness** [kέərlisnis] *n.* 부주의
- → **carelessly** [kέərlisli] *ad.* 부주의하게

과거 영국의 다른 지역에서는 care를 cure로 사용했었는데, 현대영어로 오면서 이 cure의 다른 뜻은 전부 사라지고 '돌봄'이라는 뜻만 확장되어 환자를 돌보는 '치료(하다)'라는 뜻만 남게 되었다.

cure [kjuər] *n.* 치료 *v.* 치료하다
- → **curable** [kjúərəbl] *a.* 치료할 수 있는
- → **incurable** [inkjúərəbl] *a.* 불치의

cure의 '관심'이라는 뜻에서 파생된 curious는 '호기심이 많은'이라는 뜻이 되었다.

curious [kjúəriəs] *a.* 호기심이 많은
- → **curiously** [kjúəriəsli] *ad.* 호기심에서
- → **curiosity** [kjùəriásəti] *n.* 호기심

cure의 '주의'라는 의미에서 파생된 accurate은 어떠한 일에 최대한 주의를 기울여서 일하는 것을 표현하여 '정확한'이라는 뜻이 되었다.

accurate [ǽkjurət] *a.* 정확한

→ **accurately** [ǽkjurətli] *ad.* 정확히

→ **accuracy** [ǽkjurəsi] *n.* 정확성

secure는 cure의 '걱정'이라는 뜻에서 나와 걱정(cure)을 따로 떼어(se) 놓아 없앤다고 하여 '안전한'이라는 뜻이 되었다.

secure [sikjúər] *a.* 안전한 *v.* 안전하게 지키다

→ **securely** [sikúərli] *ad.* 안전하게

→ **security** [sikúərəti] *n.* 안전, 보장, 보안 (검색대)

More Words

care for ~을 돌보다   **take care of** ~을 돌보다

care about ~을 신경 쓰다   **with care** 조심스럽게

caretaker [kέərtèikər] *n.* 관리인, 경비원

 수능 잡는 예문

- The driver argued that the **careless** pedestrian was to blame for the accident. 운전자는 **부주의한** 보행자에게 그 사고의 책임이 있다고 주장했다.

- The shepherds who found the substance were **curious** about its softness. 그 물질을 발견한 양치기들은 그 부드러움에 **호기심을 느꼈다**.

- Being **accurate** requires attention to detail.
  정확하다는 것은 상세한 부분에 대한 주의를 요한다.

- Some people still believe that they can achieve **security** by showing force.
  어떤 이들은 무력을 보임으로써 **보안**을 이루어낼 수 있다고 여전히 믿고 있다.

● 앞에서 학습한 워드맵을 참고하여 다음 영어 단어의 우리말 뜻을 적어보세요.

inspire _____ → inspiration _____
→ inspirational _____

aspire _____ → aspiration _____

respire _____ → respiration _____
→ respirator _____
→ respiratory _____

expire _____ → expiration _____

spirit _____ → spiritual _____
→ spiritually _____

★ evil spirit _____
holy spirit _____

care _____ → careful _____

→ carefully _____

→ careless _____

→ carelessness _____

→ carelessly _____

★ care for _____

take care of _____

care about _____

with care _____

caretaker _____

cure _____ → curable _____

→ incurable _____

curious _____ → curiously _____

→ curiosity _____

accurate _____ → accurately _____

→ accuracy _____

secure _____ → securely _____

→ security _____

● 빈칸에 알맞은 단어를 넣어보세요.

01 Even if they fail, their determination lives on to _____ the rest of us.

그들이 비록 실패하더라도, 그들의 결심은 살아서 우리를 **고무시킨다**.

02 The contract will _____ on November 25.

그 계약은 11월 25일에 **만료될** 것이다.

03 He has helped people find a shelter for their _____.

그는 사람들로 하여금 **영혼**의 쉼터를 발견하도록 도와왔다.

04 The driver argued that the _____ pedestrian was to blame for the accident.

운전자는 **부주의한** 보행자에게 그 사고의 책임이 있다고 주장했다.

05 The shepherds who found the substance were _____ about its softness.

그 물질을 발견한 양치기들은 그 부드러움에 **호기심을 느꼈다**.

06 Being _____ requires attention to detail.

정확하다는 것은 상세한 부분에 대한 주의를 요한다.

07 Some people still believe that they can achieve _____ by showing force.

어떤 이들은 무력을 보임으로써 **보안**을 이루어낼 수 있다고 여전히 믿고 있다.

● 정답 p. 369

pare[pair] 만들다 pare[pear] 보이다

1. pare[pair] 만들다

'만들다'라는 뜻이 있던 pare에 명사 접미사 -ade가 붙어서 생긴 parade는 사람들에게 보여주려고 만든 '행진'을 의미하는 단어이다.

> **parade** [pəréid] n. 행진

parent는 물건을 만드는 것뿐만이 아닌 자식 또한 만들어 내는 사람을 표현하여 '부(모)'라는 뜻이 되었다.

> **parent** [péərənt] n. 부(모) → **parental** [pəréntl] a. 부모의

앞에 pre가 붙어서 생긴 prepare는 미리(pre) 어떠한 일을 위해 만들어(pare) 놓는다고 하여 '준비하다'를 뜻한다.

> **prepare** [pripéər] v. 준비하다
> → **prepared** [pripéərd] a. 준비된
> → **unprepared** [ʌnpripéərd] a. 준비되지 않는
> → **preparation** [prèpəréiʃən] n. 준비
> → **preparatory** [pripǽrətɔ̀ːri] a. 준비의, 서두의

separate는 기존에 만들어지고(pare) 완성된 것을 따로 따로 떼어(se) 놓는다고 하여 '분리하다, 분리된'이라는 뜻이 되었다.

> **separate** [sépərèit] v. 분리하다 [sépərət] a. 분리된
> → **separation** [sèpəréiʃən] n. 분리
> → **separately** [sépərətli] ad. 따로따로, 별개로

pare가 변형된 pair에 re(다시)가 붙어서 생긴 repair는 고장이 난 것을 다시(re) 만든다고(pair) 하여 '수리하다'라는 뜻이 되었다.

> **repair** [ripέər] *v.* 수리하다 *n.* 수리

impair는 안(im) 좋게 만든다고(pair) 하여 '손상시키다, 악화시키다'라는 뜻으로 쓰이고 있다.

> **impair** [impέər] *v.* 손상시키다, 악화시키다

수능 잡는 예문

- After a short conversation, Joan went to **prepare** coffee.
  짧은 대화 후, 조안은 커피를 **준비하러** 갔다.

- We **separate** regular trash from recyclables every day.
  우리는 매일 일반적인 쓰레기를 재활용품과 **분리한다.**

- We offer 24-hour **repairs** and round-the-clock shopping.
  우리는 24시간 **수리**와 24시간 계속되는 쇼핑을 제공한다.

2. pare[pear] 보이다

이번에 배울 pare[pear]는 앞에서 배운 pare[pair]와 철자는 같지만 '보이다'라는 뜻이 있던 단어였다. 이 단어에서 나온 apparent는 눈앞에 확실하게 보이는 것을 표현하여 '분명한, 명백한'이라는 뜻으로 현재 쓰인다.

> **apparent** [əpǽrənt] *a.* 분명한, 명백한
> → **apparently** [əpǽrəntli] *ad.* 분명히, 겉보기에는
> → **appear** [əpíər] *v.* 나타나다, ~처럼 보이다
> → **appearance** [əpíərəns] *n.* 외모, 출현
> → **disappear** [dìsəpíər] *v.* 사라지다
> → **disappearance** [dìsəpíːərəns] *n.* 소실, 사라짐

pare에 trans(가로질러)와 형용사로 만드는 -ent가 붙어서 생긴 transparent는 눈으로 볼 때 안이 가로질러서 속까지 보이는 것을 표현하여 '투명한'이라는 뜻이 되었다.

transparent [trænspέərənt] *a.* 투명한

→ **transparently** [trænspέərəntli] *ad.* 투명하게

compare는 비슷한 것들을 함께(com) 보며(pare) 판단한다고 하여 현재 '비교하다'라는 뜻으로 사용하게 된 것이다.

compare [kəmpέər] *v.* 비교하다

→ **comparison** [kəmpǽrisn] *n.* 비교

→ **comparable** [kámpərəbl] *a.* 비교되는

→ **incomparable** [inkámpərəbl] *a.* 비할 데 없는

More Words

be compared with ~와 비교되다

수능 잡는 예문

- What often **appears** to be a piece of worthless old junk may very well be quite valuable.
  흔히 아무런 가치 없는 낡은 쓰레기로 보이는 것이 어쩌면 꽤 가치 있는 것일 수 있다.

- Never judge by **appearances**.
  절대 **겉모습**을 가지고 판단하지 마라.

- Dinosaurs were doomed to **disappear** from the earth one day.
  공룡들은 언젠가 지구 상에서 **사라질** 운명이었다.

- **Compared** to 2006, 2012 saw an 18 percent increase in cell phone numbers.
  2006년과 **비교하면**, 2012년에는 휴대폰 번호가 18퍼센트 증가를 기록했다.

● 앞에서 학습한 워드맵을 참고하여 다음 영어 단어의 우리말 뜻을 적어보세요.

parade _____

parent _____ → parental _____

prepare _____ → prepared _____
→ unprepared _____
→ preparation _____
→ preparatory _____

separate _____ → separation _____
→ separately _____

repair _____

impair _____

apparent _____ → apparently _____
→ appear _____
→ appearance _____
→ disappear _____
→ disappearance _____

transparent _____ → transparently _____

compare _____ → comparison _____
→ comparable _____
→ incomparable _____
★ be compared with _____

● 빈칸에 알맞은 단어를 넣어보세요.

01 After a short conversation, Joan went to _____ coffee.

짧은 대화 후, 조안은 커피를 **준비하러** 갔다.

02 We _____ regular trash from recyclables every day.

우리는 매일 일반적인 쓰레기를 재활용품과 **분리한다**.

03 We offer 24-hour _____ and round-the-clock shopping.

우리는 24시간 **수리**와 24시간 계속되는 쇼핑을 제공한다.

04 What often _____ to be a piece of worthless old junk may very well be quite valuable.

흔히 아무런 가치 없는 낡은 쓰레기로 **보이는** 것이 어쩌면 꽤 가치 있는 것일 수 있다.

05 Never judge by _____.

절대 **겉모습**을 가지고 판단하지 마라.

06 Dinosaurs were doomed to _____ from the earth one day.

공룡들은 언젠가 지구 상에서 **사라질** 운명이었다.

07 _____ to 2006, 2012 saw an 18 percent increase in cell phone numbers.

2006년과 **비교하면**, 2012년에는 휴대폰 번호가 18퍼센트 증가를 기록했다.

● 정답 p. 369

serve 지키다 quire[quer] 묻다, 찾다

1. serve 지키다

현대영어에서 사용되지 않는 serve는 '지키다'라는 뜻이 있던 단어였다. 이 단어에서 파생된 conserve는 환경 등이 훼손되지 않게 함께(con) 지킨다고(serve) 하여 '보호[보존]하다'라는 뜻과 낭비하지 않게 있던 것을 보존하는 '아끼다'라는 뜻이 되었다.

conserve [kənsə́:rv] *v.* 보호[보존]하다, 아끼다
→ **conservation** [kɑ̀nsərvéiʃən] *n.* (자연) 보호, 보존
→ **conservative** [kənsə́:rvətiv] *a.* 보수적인

preserve도 환경을 미리(pre) 지킨다고(serve) 하여 '보호[보존]하다'라는 같은 뜻을 갖지만 환경이 아닌 사람의 노화나 음식물 등이 오래되지 않게 기존의 상태를 보호[보존]하는 것으로도 사용된다.

preserve [prizə́:rv] *v.* 보호[보존]하다
→ **preservation** [prèzərvéiʃən] *n.* 보존, 보호

reserve는 다른 사람을 위해 뒤(re)로 빼내어 따로 지켜(serve) 놓는데서 '남겨두다, 예약하다'라는 뜻이 되었다.

reserve [rizə́:rv] *v.* 남겨두다, 예약하다 *n.* 비축물, 보호구역
→ **reservation** [rèzərvéiʃən] *n.* 예약
→ **reserved** [rizə́:rvd] *a.* 예약된, 과묵한

observe는 군인이 자신의 자리를 지키며(serve) 경계를 서는 데서 나온 것으로 상관의 명령을 계속해서 지켜나가는 '준수하다'라는 뜻과 경계를 서면서 적이 오는지 살펴보는 '관찰하다'라는 뜻이 되었고, 후에는 적을 관찰한 후 위에 보고를 하는 '말하다'라는 뜻이 되었다.

observe [əbzə́ːrv] *v.* 준수하다 관찰하다, 말하다

→ **observance** [əbzə́ːrvəns] *n.* 준수
→ **observation** [ùbzərvéiʃən] *n.* 관찰, 견해
→ **observatory** [əbzə́ːrvətɔ̀ːri] *n.* 관측소
→ **observable** [əbzə́ːrvəbl] *a.* 관측[식별]할 수 있는

★ 혼동하기 쉬운 다른 의미의 serve

serve [səːrv] *v.* 일[복무]하다, 도움이 되다, 제공하다, 복역하다

→ **server** [sə́ːrvər] *n.* 종업원, (컴퓨터) 서버
→ **service** [sə́ːrvis] *n.* 봉사, 근무, 공급
→ **servant** [sə́ːrvənt] *n.* 하인, 부하
→ **deserve** [dizə́ːrv] *v.* ~을 받을 만하다, 자격이 있다

수능 잡는 예문

• What has been **preserved** of their work belongs among the most precious possessions of mankind.

그들의 과업 중 **보존된** 것은 인류의 가장 소중한 자산들에 속한다.

• To **reserve** a copy of the book, you must go to Room 212 by November 30, and tell the secretary that you want to buy one.

책을 한 권 **예약하려면** 11월 30일까지 212호로 가서 비서에게 한 권을 사고 싶다고 말해야 한다.

• The phenomenon can be **observed** in all aspects of our daily lives.

그 현상은 우리 일상생활의 모든 측면에서 **관찰될** 수 있다

2. quire[quer] 묻다, 찾다

'묻다, 찾다'라는 뜻이었던 quire에서 나온 acquire는 자신이 목표(ac)로 삼은 것을 반복적으로 묻고 찾아서(quire) 이루게 되는 '얻다, 습득하다'라는 뜻이 되었다.

acquire [əkwáiər] *v.* 얻다, 습득하다
→ **acquired** [əkwáiərd] *a.* 습득한, 후천적인
→ **acquisition** [ækwizíʃən] *n.* 습득[취득], 인수

inquire는 현대영어에서는 사라진 단어인 quire의 원뜻 '묻다'를 그대로 받아 사용하게 된 단어이다.

inquire [inkwáiər] *v.* 묻다, 질의하다 → **inquiry** [inkwáiəri] *n.* 문의

require는 다시(re) 반복적으로 묻고 찾는다고(quire) 하여 '요구하다, 필요로 하다'라는 뜻이 되었다.

require [rikwáiər] *v.* 요구하다, 필요로 하다
→ **requirement** [rikwáiərmənt] *n.* 필요(조건), 요구 사항
→ **request** [rikwést] *v.* 요청하다 *n.* 요청

quire가 변형된 quer에서 파생된 conquer는 자신이 원하는 것을 하나도 빠짐없이 모두(con) 찾아서(quer) 자신의 것으로 만든다고 하여 '정복하다'라는 뜻이 되었다.

conquer [káŋkər] *v.* 정복하다
→ **conqueror** [káŋkərər] *n.* 정복자
→ **conquest** [káŋkwest] *n.* 정복, 극복

quest는 찾아내려고 노력하는 '탐구[탐색]하다'라는 뜻이 되었다.

> **quest** [kwest] *v.* 탐구[탐색]하다 *n.* 탐구[탐색]
>   → **question** [kwéstʃən] *n.* 질문, 의문, 문제 *v.* 질문하다, 의심하다
>   → **questionable** [kwéstʃənəbl] *a.* 의심스러운

수능 잡는 예문

- We all make use of the cultural knowledge we **acquire** as members of our society.

  우리 모두는 우리 사회의 일원으로서 우리가 **얻은** 문화적 지식을 사용한다.

- "How much is a bowl of plain ice cream?" he **inquired**.

  그는 "플레인 아이스크림 한 그릇에 얼마입니까?"라고 **물었다**.

- We cannot afford to lose the kind of sharp, clear thinking that reading **requires**.

  우리는 독서가 **요구하는** 일종의 날카롭고 명확한 사고력을 잃을 여유가 없다.

- We are ready to **conquer** the mountain.

  우리는 그 산을 **정복할** 준비가 되어 있다.

- Can I ask you a couple of **questions** for this survey?

  이 설문 조사를 위해 몇 가지 **질문**을 해도 되겠습니까?

● 앞에서 학습한 워드맵을 참고하여 다음 영어 단어의 우리말 뜻을 적어보세요.

conserve ＿＿＿＿＿＿＿　→ conservation ＿＿＿＿＿＿＿＿＿
　　　　　　　　　　　　　→ conservative ＿＿＿＿＿＿＿＿＿

preserve ＿＿＿＿＿＿＿　→ preservation ＿＿＿＿＿＿＿＿＿

reserve ＿＿＿＿＿＿＿　→ reservation ＿＿＿＿＿＿＿＿＿
　　　　　　　　　　　　　→ reserved ＿＿＿＿＿＿＿＿＿＿＿

observe ＿＿＿＿＿＿＿　→ observance ＿＿＿＿＿＿＿＿＿
　　　　　　　　　　　　　→ observation ＿＿＿＿＿＿＿＿＿
　　　　　　　　　　　　　→ observatory ＿＿＿＿＿＿＿＿＿
　　　　　　　　　　　　　→ observable ＿＿＿＿＿＿＿＿＿

| 혼동 |

serve ＿＿＿＿＿＿＿　→ server ＿＿＿＿＿＿＿＿＿＿＿
　　　　　　　　　　　　　→ service ＿＿＿＿＿＿＿＿＿＿＿
　　　　　　　　　　　　　→ servant ＿＿＿＿＿＿＿＿＿＿
　　　　　　　　　　　　　→ deserve ＿＿＿＿＿＿＿＿＿＿

acquire ＿＿＿＿＿＿＿　→ acquired ＿＿＿＿＿＿＿＿＿
　　　　　　　　　　　　　→ acquisition ＿＿＿＿＿＿＿＿＿

inquire _____ → inquiry _____

require _____ → requirement _____

→ request _____

conquer _____ → conqueror _____

→ conquest _____

quest _____ → question _____

→ questionable _____

● 빈칸에 알맞은 단어를 넣어보세요.

01 What has been _____ of their work belongs among the most precious possessions of mankind.

그들의 과업 중 **보존된** 것은 인류의 가장 소중한 자산들에 속한다.

02 To _____ a copy of the book, you must go to Room 212 by November 30, and tell the secretary that you want to buy one.

책을 한 권 **예약하려면** 11월 30일까지 212호로 가서 비서에게 한 권을 사고 싶다고 말해야 한다.

03 The phenomenon can be _____ in all aspects of our daily lives.

그 현상은 우리 일상생활의 모든 측면에서 **관찰될** 수 있다

04 We all make use of the cultural knowledge we _____ as members of our society.

우리 모두는 우리 사회의 일원으로서 우리가 **얻은** 문화적 지식을 사용한다.

05 "How much is a bowl of plain ice cream?" he _____.

그는 "플레인 아이스크림 한 그릇에 얼마입니까?"라고 **물었다**.

06 We cannot afford to lose the kind of sharp, clear thinking that reading _____.

우리는 독서가 **요구하는** 일종의 날카롭고 명확한 사고력을 잃을 여유가 없다.

07 We are ready to _____ the mountain.

우리는 그 산을 **정복할** 준비가 되어 있다.

08 Can I ask you a couple of _____ for this survey?

이 설문 조사를 위해 몇 가지 **질문**을 해도 되겠습니까?

● 정답 p. 370

1. form 형태 ❶

form은 하나의 덩어리나 체계를 구성하여 만든 '형태, 형식'으로 사용되는 단어이고, form에서 파생된 형용사 formal은 이렇게 법이나 사회적으로 인정되는 형식이나 방식을 표현하여 '공식적인, 형식적인'이라는 뜻이 되었다.

> **form** [fɔːrm] *n.* 형태, 형식 *v.* 형성하다, 만들다
> → **formation** [fɔːrméiʃən] *n.* 형성
> → **formal** [fɔ́ːrməl] *a.* 공식적인, 형식적인
> → **formally** [fɔ́ːrməli] *ad.* 공식적으로
> → **informal** [infɔ́ːrməl] *a.* 비공식의
> → **informally** [infɔ́ːrməli] *ad.* 비공식적으로

form에서 나온 formula는 수학이나 화학에서 사용되는 '공식'을 의미한다.

> **formula** [fɔ́ːrmjulə] *n.* (수학, 화학의) 공식
> → **formulate** [fɔ́ːrmjulèit] *v.* 공식화하다, 형성하다

informal과 헷갈릴 수 있는 inform은 원래 사람 안(in)에 교육을 통해 하나의 체계를 형성(form)시켜 놓는 '가르치다'라는 뜻으로 쓰였던 단어였는데, 현재는 다른 사람 안에 새로운 정보를 가르쳐 주는 '알리다'라는 뜻이 되었다.

> **inform** [infɔ́ːrm] *v.* 알리다
> → **information** [infərméiʃən] *n.* 정보
> → **informative** [infɔ́ːrmətiv] *a.* 유용한 정보를 주는, 유익한

- Reading involves a complex **form** of mental activity.
  독서는 복잡한 **형태**의 정신적 활동을 수반한다.

- Only in terms of the physics of image **formation** do the eye and camera have anything in common.
  단지 상 **형성**에 대한 물리학의 관점에서만 눈과 카메라는 공통점이 있다.

- We learn **formal** skills like learning a foreign language by actually solving problems.
  우리는 외국어 학습 같은 **형식적인** 기술을 실제 문제들을 해결함으로써 배운다.

2. form 형태 ❷

transform은 본래 지니고 있던 형태를 가로질러서(trans) 다른 쪽에 있던 형태(form)로 만든다고 하여 '변형시키다'라는 뜻이 된 단어이다.

transform [trænsfɔ́ːrm] *v.* 변형시키다, 바꾸다
→ **transformer** [trænsfɔ́ːrmə(r)] *n.* 변압기, 변형시키는 것
→ **transformation** [trænsfɔːrméiʃən] *n.* 변형

conform은 군대에서 상관의 명령에 군인들이 하나로 형태(form)를 유지하며 함께(con) 하기에 '따르다'라는 뜻이 된 단어이다.

conform [kənfɔ́ːrm] *v.* 따르다(to)
→ **conformity** [kənfɔ́ːrməti] *n.* 따름, 순응

deform은 기존의 형태(form)에서 일부가 이탈(de)되는 것을 의미하여 '기형으로 만들다'라는 뜻이 되었다.

deform [difɔ́ːrm] *v.* 기형으로 만들다

→ **deform**ity [difɔ́ːrməti] *n.* 기형(= deformation)

uniform은 모든 옷을 하나(uni)의 형태(form)로 맞추어 놓은 '유니폼'이라는 명사의 뜻과 하나로 맞춘 '한결같은'이라는 형용사의 뜻도 생기게 되었다.

uniform [júːnəfɔ̀ːrm] *n.* 유니폼 *a.*한결같은

→ **uniform**ity [jùːnəfɔ́ːrməti] *n.* 균일, 획일

→ **uniform**ly [júːnəfɔ̀ːrmli] *ad.* 한결같이

perform은 작품이나 원고 등 하나의 형태(form)로 구성된 것을 완전히(per) 완성시키려고 하는 것을 표현하여 현재 최선을 다하는 '수행하다'라는 뜻이 되었고, 또 연극에서 자신의 역할을 수행하는 '공연하다'라는 뜻이 되었다.

perform [pərfɔ́ːrm] *v.* 수행하다, 공연[연주]하다

→ **perform**ance [pərfɔ́ːrməns] *n.* 공연[연주]

→ **perform**er [pərfɔ́ːrmər] *n.* 연기[연주]자

→ out**perform** [àutpərfɔ́ːrm] *v.* 능가하다

🧑 수능 잡는 예문

- Each listener could **transform** the music depending upon his or her own personal tastes.
  청취자 각각은 자신의 개인적인 취향에 따라 음악을 **변형시킬** 수 있었다.

- Larger groups put more pressure on their members to **conform**.
  더 큰 그룹들은 구성원들에게 **따르라고** 더 많은 압력을 가한다.

- Most of the time, the media fails to **perform** this crucial role.
  주로 매체는 이 중요한 역할을 **수행하는** 데 실패한다.

- Between **performances**, the singer's husband suddenly died.
  공연과 **공연** 사이에 그 가수의 남편이 갑자기 죽었다.

Word Mapping

● 앞에서 학습한 워드맵을 참고하여 다음 영어 단어의 우리말 뜻을 적어보세요.

form _____ → formation _____

→ formal _____

→ formally _____

→ informal _____

→ informally _____

formula _____ → formulate _____

inform _____ → information _____

→ informative _____

transform _____ → transformer _____

→ transformation _____

conform _____ → conformity _____

deform _____ → deformity(= deformation) _____

uniform _____ → uniformity _____

→ uniformly _____

perform _____ → performance _____

→ performer _____

→ outperform _____

● 빈칸에 알맞은 단어를 넣어보세요.

01   Reading involves a complex _____ of mental activity.

독서는 복잡한 **형태**의 정신적 활동을 수반한다.

02   Only in terms of the physics of image _____ do the eye and camera have anything in common.

단지 상 **형성**에 대한 물리학의 관점에서만 눈과 카메라는 공통점이 있다.

03   We learn _____ skills like learning a foreign language by actually solving problems.

우리는 외국어 학습 같은 **형식적인** 기술을 실제 문제들을 해결함으로써 배운다.

04   Each listener could _____ the music depending upon his or her own personal tastes.

청취자 각각은 자신의 개인적인 취향에 따라 음악을 **변형시킬** 수 있었다.

05   Larger groups put more pressure on their members to _____.

더 큰 그룹들은 구성원들에게 **따르라고** 더 많은 압력을 가한다.

06   Most of the time, the media fails to _____ this crucial role.

주로 매체는 이 중요한 역할을 **수행하는** 데 실패한다.

07   Between _____, the singer's husband suddenly died.

공연과 **공연** 사이에 그 가수의 남편이 갑자기 죽었다.

● 정답 p. 370

mon[mun] 묶인 soci 동료, 사회

1. mon[mun] 묶인

현대영어에서 쓰이지 않는 mon은 '묶인'이라는 뜻이었다. 이 단어에서 나온 common은 모든 사람들이 함께(com) 묶여(mon) 있는 것을 형용사로 표현하여 '일반적인, 공통의'라는 뜻이 되었고, 모든 사람에게 묶여 있기에 언제든지 접할 수 있는 것을 표현하여 '흔한'이라는 뜻으로도 사용되었다.

common [kámən] *a.* 일반적인, 공통의, 흔한
- → **commonly** [kámənli] *ad.* 흔히, 보통
- → **commoner** [kámənər] *n.* 평민
- → **uncommon** [ʌnkámən] *a.* 드문, 굉장한
- → **uncommonly** [ʌnkámənli] *ad.* 드물게, 굉장히

mon이 mun으로 바뀌어서 생긴 community는 사람들이 어떠한 목적에 맞게 함께 (com) 묶여(mun) 있다고 하여 '공동체'라는 뜻이 되었다.

community [kəmjúːnəti] *n.* 공동체, 단체, 지역사회

communism은 하나의 이론이자 사회 경제 체제로 개인의 소유나 재산을 없애고 모든 사람이 공동체 안에서 재산을 소유하는 '공산주의'라는 뜻으로 사용하게 되었다.

communism [kámjunìzm] *n.* 공산주의
communist [kámjunist] *n.* 공산주의자
- → **communistic** [kàmjunístik] *a.* 공산주의의

communicate는 자신이 지니고 있는 정보를 함께 묶여 있는 사람에게 알려주는 '전달하다'라는 뜻과 이렇게 서로 이야기를 전달하는 '의사소통하다'라는 뜻이 되었다.

communicate [kəmjúːnəkèit] *v.* 의사소통하다
> → **communication** [kəmjùːnəkéiʃən] *n.* 의사소통
> → **communicative** [kəmjúːnəkèitiv] *a.* 의사소통의

immune은 부정을 의미하는 im과 합쳐져서 세금이나 의무에 묶여(mune) 있지 않은(im) 것을 표현하여 '면제된'이라는 뜻과 병 등에 묶여 있지 않은 것을 표현한 '면역의'라는 뜻으로 사용하게 되었다.

immune [imjúːn] *a.* 면제된, 면역의 → **immunity** [imjúːnəti] *n.* 면제, 면역력

More Words

in common 공통으로
immune system 면역체계

수능 잡는 예문

- Ancestor worship is a **common** custom in this country.
  이 나라에서 조상 숭배는 **흔한** 관습이다.

- He grew up in a farming **community**.
  그는 농업 **공동체**에서 자랐다.

- Online social media is a form of **communication** unique to the 21st century.
  온라인 소셜 미디어는 21세기에만 있는 통신의 한 형태이다.

- Journalists must be **immune** from prosecution.
  저널리스트들은 기소를 **면제받을** 것이다.

2. soci 동료, 사회

soci는 현재 쓰이지 않는 단어로 같이 어울리는 사람들인 '동료'나 같은 부류인 사람들끼리 어울리고 구성하게 된 '사회'로 사용되었던 단어이다. 그래서 social은 형용사로 '사회의, 사회적인'이라는 뜻이 되었다.

social [sóuʃəl] *a.* 사회의, 사회적인
→ **socially** [sóuʃəli] *ad.* 사회적으로
→ **socialize** [sóuʃəlàiz] *v.* 어울리다
→ **antisocial** [æntisóuʃəl] *a.* 반사회적인
→ **antisocially** [æntisóuʃəli] *ad.* 반사회적으로
→ **socialism** [sóuʃəlìzm] *n.* 사회주의
→ **socialist** [sóuʃəlist] *n.* 사회주의자
→ **socialistic** [sòuʃəlístik] *a.* 사회주의의

society는 soci가 지녔던 뜻을 그대로 받아 '사회'라는 뜻으로 현재 쓰이고 있다.

society [səsáiəti] *n.* 사회

sociable은 친한 동료끼리 서로 어울린다고 하여 '사교적인'이라는 뜻이 되었다.

sociable [sóuʃəbl] *a.* 사교적인 → **sociably** [sóuʃəbli] *ad.* 사교적으로

soci 뒤에 학문을 의미하는 -ology가 붙어서 생긴 sociology는 사회에 대해 연구하는 학문인 '사회학'을 의미한다.

sociology [sòusiálədʒi] *n.* 사회학
→ **sociologist** [sòusiálədʒist] *n.* 사회학자
→ **sociological** [sòusiəládʒikəl] *a.* 사회학적인

associate는 단체나 모임에(as) 동료(soci)로서 속하게 된다고 하여 '연관시키다'라는 뜻이 되었다. 이렇게 연관된 다른 것을 생각해낸다고 하여 '연상시키다'라는 뜻으로도 사용된다.

associate [əsóuʃìeit] *v.* 연관[연상]시키다

→ **association** [əsòusiéiʃən] *n.* 협회

More Words

associated with ~과 연관[관련]된

- The extent and rate of diffusion depend on the degree of **social** contact.

  유포의 범위와 속도는 **사회적** 접촉의 정도에 달려 있다.

- Drinking and driving is no longer **socially** acceptable.

  음주운전은 더 이상 **사회적으로** 용납되지 않는다.

- Members must conform to rules of their **society**.

  구성원들은 그들 **사회**의 규칙에 순응해야 한다.

- We **associate** this brand with excellent quality.

  우리는 이 브랜드를 우수한 품질과 **연관 짓는다**.

● 앞에서 학습한 워드맵을 참고하여 다음 영어 단어의 우리말 뜻을 적어보세요.

---

common _____ → commonly _____

→ commoner _____

→ uncommon _____

→ uncommonly _____

★ in common _____

---

community _____

---

communism _____

communist _____ → communistic _____

---

communicate _____ → communication _____

→ communicative _____

---

immune _____ → immunity _____

★ immune system _____

---

social _____ → socially _____

→ socialize _____

→ antisocial _____

→ antisocially _____

→ socialism _____

→ socialist _____

→ socialistic _____

society _____

sociable _____ → sociably _____

sociology _____ → sociologist _____

→ sociological _____

associate _____ → association _____

★ associated with _____

● 빈칸에 알맞은 단어를 넣어보세요.

01 Ancestor worship is a _____ custom in this country.

이 나라에서 조상 숭배는 **흔한** 관습이다.

02 He grew up in a farming _____.

그는 농업 **공동체**에서 자랐다.

03 Online social media is a form of _____ unique to the 21st century.

온라인 소셜 미디어는 21세기에만 있는 **통신**의 한 형태이다.

04 Journalists must be _____ from prosecution.

저널리스트들은 기소를 **면제받을** 것이다.

05 The extent and rate of diffusion depend on the degree of _____ contact.

유포의 범위와 속도는 **사회적** 접촉의 정도에 달려 있다.

06 Drinking and driving is no longer _____ acceptable.

음주운전은 더 이상 **사회적으로** 용납되지 않는다.

07 Members must conform to rules of their _____.

구성원들은 그들 **사회**의 규칙에 순응해야 한다.

08 We _____ this brand with excellent quality.

우리는 이 브랜드를 우수한 품질과 **연관 짓는다**.

● 정답 p. 370

Unit 57

flu[flo] 흐르다   cur[curse] 달리다

1. flu[flo] 흐르다

'흐르다'라는 뜻을 지녔던 flu에서 파생된 fluency는 특히 언어의 사용에 있어 물 흐르듯 잘 말한다고 하여 '유창함'이라는 뜻이 된 단어이다.

> **fluency** [flúːənsi] *n.* 유창함
> → **fluent** [flúːənt] *a.* 유창한
> → **fluently** [flúːəntli] *ad.* 유창하게

influence는 사람들 안(in)에 흘러(flu)들어 가서 퍼지게 되는 '영향(력)'을 의미하게 된 단어이고, 여기서 파생된 influenza는 사람들에게 퍼지는 '유행성 감기'가 되었다.

> **influence** [ínfluəns] *n.* 영향(력) *v.* 영향을 주다
> → **influential** [influénʃəl] *a.* 영향력 있는
> → **influenza** [influénzə] *n.* 유행성 감기, 독감(= flu)

flush는 변기의 물을 흘려 내려 보낸다고 하여 '물을 내리다'라는 뜻이 있는 단어지만 이렇게 물이 흘러서 퍼지는 것처럼 부끄러울 때 사람의 얼굴 전체가 분홍빛으로 퍼진다고 하여 '붉어지다'라는 뜻도 지니게 되었다.

> **flush** [flʌʃ] *v.* (얼굴이) 붉어지다, 물을 내리다 *n.* 홍조
> → **flushed** [flʌʃt] *a.* 빨간, 상기된

flu가 flo로 변한 후 생겨나게 된 float는 물 위로 올라가거나 흘러가는 '뜨다, 떠가다'라는 뜻이 되었고, flood는 흘러넘치는 '홍수'를 뜻하게 되었다. flow는 flu의 뜻을 그대로 받아 '흐르다'라는 뜻이 되었다.

float [flout] *v.* 뜨다, 떠가다 → **floating** [flóutiŋ] *a.* 떠 있는

flood [flʌd] *n.* 홍수, 범람 *v.* 범람시키다

flow [flou] *v.* 흐르다 *n.* 흐름, 몰입

More Words

swine influenza 돼지 독감
avian influenza 조류 독감

 수능 잡는 예문

- **Mathematics definitely influenced Renaissance art.**
  수학은 분명히 르네상스 예술에 **영향을 주었다.**

- **Electronic media is becoming more influential.**
  전자 언론 매체들의 **영향력이** 점차 증대하고 **있다.**

- **Green tea can prevent you from catching the flu.**
  녹차가 **독감을** 예방할 수 있다.

- **The professor flushed and faltered.**
  그 교수는 **얼굴이 붉어졌고** 말을 더듬었다.

- **Some wanderers went from group to group, floating in and out, as if dancing to the music.**
  몇몇의 떠도는 사람들은 마치 음악에 맞춰 춤추듯 안팎으로 **떠다니며** 무리와 무리 사이를 다녔다.

2. cur [curse] 달리다

cur는 '달리다'라는 뜻으로 사용되던 단어로 현대영어에서는 사용하지 않는다. 여기서 나온 current는 눈에 보이든 보이지 않든 달리고 흘러가고 있는 지금의 시간적 시점을 표현하여 '현재의'라는 뜻이 되었고, 전기의 흐름을 의미하는 '전류'라는 뜻도 지니게 되었다.

> **cur**rent [kə́ːrənt] *a.* 현재의 *n.* 전류
> → **current**ly [kə́ːrəntli] *ad.* 현재에
> → **curren**cy [kə́ːrənsi] *n.* 통화, 화폐

cur에서 나온 concur는 출발선에서 함께(con) 달리기(cur) 때문에 서로 똑같이 달리게 되는 '일치하다'라는 뜻이 되었고, 사건, 사고 등이 함께 달려온다고 하여 '동시에 일어나다'라는 뜻도 있다.

> **con**cur [kənkə́ːr] *v.* 일치하다, 동시에 일어나다
> → **concur**rent [kənkə́ːrənt] *a.* 일치하는, 동시에 발생하는
> → **concur**rence [kənkə́ːrəns] *n.* 의견 일치, 동시 발생

occur는 반대편(oc)에서 갑자기 적이 달려(cur)오는 것을 의미하여 '일어나다, 생기다'라는 뜻이 된 단어이다.

> **oc**cur [əkə́ːr] *v.* 일어나다, 생기다 → **occur**rence [əkə́ːrəns] *n.* 사건, 발생

cur가 변형되어 생긴 curse에 -or이 붙어서 생긴 cursor는 달리듯이 움직이는 컴퓨터 마우스로 동작하는 '커서'를 의미하고, excursion은 밖으로 즐겁게 달려 나간다고 하여 '짧은 여행'이나 '소풍'을 의미한다. curse가 변형되어 생긴 course는 목적에 맞게 정해진 거리를 달려야 하는 '코스'라는 뜻과 일정한 기간 동안 배워야 하는 '과정'이라는 뜻이 되었다.

cursor [kə́ːrsər] *n.* (컴퓨터) 커서

excursion [ikskə́ːrʒən] *n.* 짧은 여행, 소풍

course [kɔːrs] *n.* 과정, 강좌, 진로, 코스

More Words

direct current (DC) 직류

alternating current (AC) 교류

common currency 공동 통화

foreign currency 외화

occur to ~에게 (생각이) 떠오르다

in the course of ~하는 도중에

★ 혼동 어휘

　curse [kɔːrs] *n.* 저주, 악담 *v.* 악담하다

 수능 잡는 예문

- Our **current** system is called A440.

  우리의 **현재** 시스템은 A440이라고 불린다.

- When we think of money, we usually think of **currency**, or coins and bills.

  우리가 돈에 대해 생각할 때, 보통 우리는 **화폐**, 즉 동전이나 지폐를 떠올린다.

- If an explosion **occurred** on a star, scientists would be able to see it from Earth.

  항성에서 폭발이 **일어났다**면 과학자들은 지구에서 그것을 볼 수 있었을 것이다.

- The **cursor** on his monitor is not moving at all.

  그의 모니터 상의 **커서**가 전혀 움직이지 않는다.

● 앞에서 학습한 워드맵을 참고하여 다음 영어 단어의 우리말 뜻을 적어보세요.

fluency _____ → fluent _____

→ fluently _____

influence _____ → influential _____

→ influenza _____

★ swine influenza _____

avian influenza _____

flush _____ → flushed _____

float _____ → floating _____

flood _____

flow _____

current _____ → currently _____

→ currency _____

★ direct current _____

alternating current _____

common currency _____

foreign currency _____

concur _____ → concurrent _____

→ concurrence _____

occur _____ → occurrence _____

★ occur to _____

cursor _____

excursion _____

course _____

★ in the course of _____

● 빈칸에 알맞은 단어를 넣어보세요.

01 Mathematics definitely _____ Renaissance art.

수학은 분명히 르네상스 예술에 **영향을 주었다**.

02 Electronic media is becoming more _____.

전자 언론 매체들의 **영향력이** 점차 증대하고 **있다**.

03 Green tea can prevent you from catching the _____.

녹차가 **독감을** 예방할 수 있다.

04 The professor _____ and faltered.

그 교수는 **얼굴이 붉어졌고** 말을 더듬었다.

05 Some wanderers went from group to group, _____ in and out, as if dancing to the music.

몇몇의 떠도는 사람들은 마치 음악에 맞춰 춤추듯 안팎으로 **떠다니며** 무리와 무리 사이를 다녔다.

06 Our _____ system is called A440.

우리의 **현재** 시스템은 A440이라고 불린다.

07 When we think of money, we usually think of _____, or coins and bills.

우리가 돈에 대해 생각할 때, 보통 우리는 **화폐**, 즉 동전이나 지폐를 떠올린다.

08 If an explosion _____ on a star, scientists would be able to see it from Earth.

항성에서 폭발이 **일어났다면** 과학자들은 지구에서 그것을 볼 수 있었을 것이다.

09 The _____ on his monitor is not moving at all.

그의 모니터 상의 **커서가** 전혀 움직이지 않는다.

● 정답 p. 370

Unit 58 sign 표시 use 사용하다

1. sign 표시

sign은 무언가를 남에게 알리거나 보이려고 하는 단어이기에 '표시, 표지판'이라는 뜻이 되었고, 또 알 수 있게 소리나 행동을 표현하는 '신호'라는 뜻도 있다.

sign [sain] *n.* 표시, 표지판, 신호, 조짐 *v.* 사인하다, 계약하다
→ **signature** [sígnətʃər] *n.* 사인
→ **signal** [sígnəl] *v.* 신호를 보내다 *n.* 신호

signify는 무엇인지를 정확히 알 수 있게 표시한다고 하여 '의미하다, 나타내다'라는 뜻과 꼭 알아야 하는 중요한 의미가 있는 것을 표현하여 '중요하다'라는 뜻도 지니게 되었다.

signify [sígnəfài] *v.* 의미하다, 나타내다, 중요하다
→ **signification** [sìgnəfikéiʃən] *n.* 의미
→ **significance** [signífikəns] *n.* 중요성
→ **significant** [signífikənt] *a.* 중요한
→ **significantly** [signífikəntli] *ad.* 상당히, 완전히
→ **insignificant** [insignífikənt] *a.* 사소한

assign은 왕이 자신이 신뢰하는 신하에게 왕의 표시(sign)가 되어 있는 것을 지니고 다른 곳에(as) 일을 하도록 보낸다고 하여 '부여하다, 맡기다[배정하다]'라는 뜻이 된 단어이다.

assign [əsáin] *v.* 부여하다, 맡기다[배정하다]
→ **assignment** [əsáinmənt] *n.* 과제, 숙제

design은 원래 정확히(de) 표시(sign)하는 것을 뜻하던 단어였는데 여기서 파생된 designate가 정확하게 장소나 사람을 표시하는 '지정하다, 지명하다'라는 뜻으로 남게 되었다. 현재 design은 생각 안에서 정확히 핵심을 표시한 후 그것을 만들어 낸다고 하여 '고안하다, 설계하다'라는 뜻으로 사용하고, 명사로는 '디자인, 설계'를 의미한다.

---

de<u>sign</u> [dizáin] *v.* 고안하다, 설계하다 *n.* 디자인, 설계, 계획

→ **design**ed [dizáind] *a.* 고안된, 기획된

→ **design**er [dizáinər] *n.* 디자이너

→ **design**ate [dézignèit] *v.* 지정하다, 지명하다

→ **design**ation [dèzignéiʃən] *n.* 지정, 지명, 직함

More Words

sign up for ~에 등록하다, 신청하다

sign language 수화

 수능 잡는 예문

- I scanned the village and there was no **sign** of movement.
  나는 그 마을을 자세히 살폈는데, 아무런 움직임의 **조짐**이 없었다.

- His reports often have a **significant** influence on readers.
  그의 보고서들은 종종 독자들에게 **중요한** 영향을 미친다.

- Your problems and challenges suddenly seem **insignificant**.
  당신의 문제들과 난제들이 갑자기 **사소한** 것처럼 보인다.

- He was **assigned** to a small school in a poor rural county.
  그는 가난한 시골 읍에 있는 작은 학교에 **배정되었다**.

- The computer program is **designed** to stimulate further discussion.
  그 컴퓨터 프로그램은 더 심오한 토론을 자극하기 위해 **고안된다**.

2. use 사용하다

use는 어떠한 물건이나 물질을 다루어 쓰는 '사용[이용]하다'라는 뜻이다.

> **use** [juːz] *v.* 사용[이용]하다, 쓰다 [juːs] *n.* 사용, 이용
> → **used** [juːzd] *a.* 중고의, 익숙한(to)
> → **user** [júːzər] *n.* 사용자, 이용자
> → **usage** [júːsidʒ, -zidʒ] *n.* 용법, 어법, 사용

use에서 파생된 useful은 잘 사용할 수 있는 것을 표현하여 '유용한'이라는 뜻이 된 단어이고, useless는 더 이상 쓸 수 없는 것을 의미하여 '쓸모없는'이라는 뜻이 되었다.

> **useful** [júːsfəl] *a.* 유용한
> → **usefully** [júːsfəli] *ad.* 유용하게
> → **usefulness** [júːsfəlnis] *n.* 유용성
> **useless** [júːslis] *a.* 쓸모없는 → **uselessly** [júːslisli] *ad.* 쓸데없이

use가 usu로 바뀐 후 -al이 붙어서 생긴 usual은 일반적으로 얼마만큼 사용이 되고 있는지를 형용사로 표현하여 '보통의, 평상시의'라는 뜻이 되었다.

> **usual** [júːʒuəl] *a.* 보통의, 평상시의
> → **usually** [júːʒuəli] *ad.* 보통, 대체로
> → **unusual** [ʌnjúːʒuəl] *a.* 특이한, 흔치 않는
> → **unusually** [ʌnjúːʒuəli] *ad.* 특이하게, 평소와 달리

'이탈'을 의미하는 ab와 합쳐진 abuse는 일반적인 사용에서 벗어난 것을 의미하여 '남용하다'라는 뜻이 되었고, 또 일반적인 사용이 아닌 일반적인 행동에서 벗어난 것을 의미하기도 하여 '학대하다'라는 뜻도 가지게 되었다.

> **ab**use [əbjuːz] *v.* 남용하다, 학대하다 [əbjúːs] *n.* 남용, 학대
>
> → **abus**ive [əbjúːsiv] *a.* 학대하는, 모욕적인

overuse도 over해서 사용하는 '남용하다'라는 뜻으로 사용되는 단어이고, reuse는 다시 사용하는 '재사용하다'라는 뜻이다.

> **over**use [òuvərjúːz] *v.* 남용하다
>
> **reuse** [riːjúːz] *v.* 재사용하다 → **reus**able [riːjúːzəbl] *a.* 재사용할 수 있는

 수능 잡는 예문

- Coal is still **used** as a source of fuel in many countries around the world.

  석탄은 여전히 전 세계 많은 나라에서 연료 공급원으로 **사용된다**.

- We knew it was **useless** to fight.

  우리는 싸워봐야 **소용없다**는 것을 알았다.

- Injured animals certainly spend more time asleep than **usual** while their wounds are healing.

  상처를 입은 동물들은 상처가 회복되는 동안 **평소**보다 확실히 더 많이 잠을 잔다.

- They are **usually** focused on solving just one problem.

  그들은 **보통** 오로지 하나의 문제를 푸는 데만 집중을 한다.

- Jack was arrested on **abuse** of power.

  잭은 권력 **남용** 혐의로 체포되었다.

Word Mapping

● 앞에서 학습한 워드맵을 참고하여 다음 영어 단어의 우리말 뜻을 적어보세요.

sign _____ → signature _____

→ signal _____

★ sign up for _____

sign language _____

---

signify _____ → signification _____

→ insignificant _____

→ significance _____

→ significant _____

→ significantly _____

---

assign _____ → assignment _____

---

design _____ → designed _____

→ designer _____

→ designate _____

→ designation _____

---

use _____ → used _____

→ user _____

→ usage _____

useful _____ → usefully _____

→ usefulness _____

useless _____ → uselessly _____

usual _____ → usually _____

→ unusual _____

→ unusually _____

abuse _____ → abusive _____

overuse _____

reuse _____ → reusable _____

● 빈칸에 알맞은 단어를 넣어보세요.

01 I scanned the village and there was no _____ of movement.

나는 그 마을을 자세히 살폈는데, 아무런 움직임의 **조짐**이 없었다.

02 His reports often have a _____ influence on readers.

그의 보고서들은 종종 독자들에게 **중요한** 영향을 미친다.

03 Your problems and challenges suddenly seem _____.

당신의 문제들과 난제들이 갑자기 **사소한** 것처럼 보인다.

04 He was _____ to a small school in a poor rural county.

그는 가난한 시골 읍에 있는 작은 학교에 **배정되었다**.

05 The computer program is _____ to stimulate further discussion.

그 컴퓨터 프로그램은 더 심오한 토론을 자극하기 위해 **고안된다**.

06 Coal is still _____ as a source of fuel in many countries around the world.

석탄은 여전히 전 세계 많은 나라에서 연료 공급원으로 **사용된다**.

07 We knew it was _____ to fight.

우리는 싸워봐야 **소용없다**는 것을 알았다.

08 Injured animals certainly spend more time asleep than _____ while their wounds are healing.

상처를 입은 동물들은 상처가 회복되는 동안 **평소**보다 확실히 더 많이 잠을 잔다.

09 They are _____ focused on solving just one problem.

그들은 **보통** 오로지 하나의 문제를 푸는 데만 집중을 한다.

10 Jack was arrested on _____ of power.

잭은 권력 **남용** 혐의로 체포되었다.

● 정답 p. 370

part 부분

1. part 부분 ❶

part는 큰 덩어리에서 나누어진 '부분'을 의미하는 단어이다. 이 단어를 통해서 나온 party는 같은 부분(part)을 공유하는 사람들이 모여 어울리는 '파티'라는 뜻과 정치적으로 같은 목적을 지닌 사람들이 모인 '정당'이라는 뜻을 지니게 되었다.

---

part [pɑ:rt] *n.* 부분, 부품, 역할

　→ **part**ly [pɑ́:rtli] *ad.* 부분적으로

　→ **part**y [pɑ́:rti] *n.* 파티, (P~) 정당

---

partner는 혼자 소유한 사람(owner)이 아닌 같은 부분(part)을 나누는 사람을 의미하여 '동반자'라는 뜻이 되었다.

---

partner [pɑ́:rtnər] *n.* 동반자　→　**partner**ship [pɑ́:rtnərʃip] *n.* 협력

---

partial은 part에서 파생되어 형용사로 사용된 단어로 '부분적인, 일부분인'을 뜻한다.

---

partial [pɑ́:rʃəl] *a.* 부분적인, 일부분인　→　**partial**ly [pɑ́:rʃəli] *ad.* 부분적으로

---

part에 '작은'이라는 뜻을 지닌 -cle과 합쳐진 particle은 정말 작은 부분을 표현하여 '입자, 조각'이라는 뜻이 된 단어이다. cle이 cule로 바뀐 후 형용사형 접미사 -ar가 붙어서 생긴 particular는 아주 작은 부분까지 신경을 쓰는 '상세한'이라는 뜻과 아주 작은 부분까지 다른 것과 구별되는 것을 표현하여 '특정[특별]한'이라는 뜻이 된 단어이다.

particle [pάːrtikl] *n.* 입자, 조각
→ **particular** [pərtíkjulər] *a.* 특정[특별]한, 상세한
→ **particularly** [pərtíkjulərli] *ad.* 특히, 특별히

'잡다'는 뜻의 cip와 합쳐진 participate는 자신이 원하는 부분을 잡기 위해 모임에 관계하게 되는 '참여하다(in)'라는 뜻이 되었다.

participate [paːrtísəpèit] *v.* 참여[참가]하다(in)
→ **participation** [paːrtìsəpéiʃən] *n.* 참여, 참가
→ **participatory** [paːrtísəpətɔ̀ːri] *a.* 참가의
→ **participant** [paːrtísəpənt] *n.* 참가자, 참석자

More Words

in particular 특히
take part in ～에 참여[참가]하다
partake in ～에 참여[참가]하다

 수능 잡는 예문

- The whole is more than the sum of its **parts**.
  전체는 **부분들**의 합 그 이상이다.

- There are borderline cases that fit **partly** into one category and **partly** into another.
  부분적으로 한 범주에 적합하고, 동시에 다른 범주에도 **부분적으로** 적합한 이도저도 아닌 경우들이 있다.

- The virus is a **particle** that can be stored like chemicals in a bottle.
  바이러스는 화학 약품처럼 병 속에 보관할 수 있는 **입자**이다.

- The surface of a **particular** object will absorb some of this light's wavelengths and reflect others.
  한 **특정한** 물체의 표면은 이러한 빛의 파장의 일부는 흡수하고 일부는 반사할 것이다.

- We may go to school, **participate** in sports, drive cars, and sometimes become involved in conflicts.

  우리는 학교에 가고, 스포츠 시합에 **참가하고**, 자동차를 운전하며, 때때로 분쟁에 말리기도 한다.

2. part 부분 ❷

apart는 부분들이 각각의 방향으로 흩어지는 것을 표현하여 '산산이, 떨어져'라는 뜻으로 쓰이게 되었다.

> **a**part [əpάːrt] *ad.* 산산이, 떨어져, 따로따로
>
> → **apart**ment [əpάːrtmənt] *n.* 아파트

compart는 함께 뭉쳐져 있는 것을 부분으로 나눈다고 하여 '칸막이하다'라는 뜻이 되었다.

> **com**part [kəmpάːrt] *v.* 칸막이하다
>
> → **compart**ment [kəmpάːrtmənt] *n.* 칸, 구획

반대를 의미하는 counter가 붙은 counterpart는 반대 부분에 있는 자신과 의견이 다른 사람을 표현하여 '상대, 대응관계에 있는 사람'을 뜻한다.

> **counter**part [kάuntərpὰːrt] *n.* 상대, 대응관계에 있는 사람

part에서 파생된 마지막 단어 depart는 원래 덩어리에서 한 부분이 떨어져 나가는 '분리되다'라는 뜻으로 사용되던 단어였으나 현대영어에서는 사용되고 있지 않다. 지금은 원래 있던 곳에서 분리되어 나간다고 하여 '출발하다, 떠나다'라는 뜻이 되었고, 이 뜻을 통해 파생된 단어가 '출발'을 의미하는 departure이다.

depart [dipáːrt] *v.* 출발하다, 떠나다

→ **depart**ment [dipáːrtmənt] *n.* 부서, 학과

→ **depart**ure [dipáːrtʃər] *n.* 출발(지)

More Words

apart from ~을 제외하고, ~이외에

department store 백화점

 수능 잡는 예문

- The lease on this **apartment** is up soon.

  이 **아파트**의 임대료가 곧 오른다.

- The refrigerator has a separate **compartment** for meats.

  그 냉장고에는 고기에 맞게 분리된 **칸**이 있다.

- Later she learned that Betty had lost a lot of money at a fancy **department store**.

  나중에 그녀는 베티가 고급 **백화점**에서 많은 돈을 잃어버렸다는 것을 알게 되었다.

● 앞에서 학습한 워드맵을 참고하여 다음 영어 단어의 우리말 뜻을 적어보세요.

part _____ → partly _____
                             → party _____

partner _____ → partnership _____

partial _____ → partially _____

particle _____ → particular _____
                             → particularly _____

★ in particular _____

participate _____ → participation _____
                             → participatory _____
                             → participant _____

★ take part in _____

   partake in _____

apart _____ → apartment _____

★ apart from _____

compart _____ → compartment _____

counterpart _____

depart _____ → department _____
　　　　　　　　　　　　→ departure _____

★ department store _____

Review Test

● 빈칸에 알맞은 단어를 넣어보세요.

01 The whole is more than the sum of its _____.

전체는 **부분들**의 합 그 이상이다.

02 There are borderline cases that fit _____ into one
category and _____ into another.

부분적으로 한 범주에 적합하고, 동시에 다른 범주에도 **부분적으로** 적합한 이도저도 아닌 경우들이 있다.

03 The virus is a _____ that can be stored like chemicals
in a bottle.

바이러스는 화학 약품처럼 병 속에 보관할 수 있는 **입자**이다.

04 The surface of a _____ object will absorb some of this
light's wavelengths and reflect others.

한 **특정한** 물체의 표면은 이러한 빛의 파장의 일부는 흡수하고 일부는 반사할 것이다.

05 We may go to school, _____ in sports, drive cars, and
sometimes become involved in conflicts.

우리는 학교에 가고, 스포츠 시합에 **참가하고**, 자동차를 운전하며, 때때로 분쟁에 말리기도 한다.

06 The lease on this _____ is up soon.

이 **아파트**의 임대료가 곧 오른다.

07 The refrigerator has a separate _____ for meats.

그 냉장고에는 고기에 맞게 분리된 **칸**이 있다.

08 Later she learned that Betty had lost a lot of money at a fancy
_____ _____.

나중에 그녀는 베티가 고급 **백화점**에서 많은 돈을 잃어버렸다는 것을 알게 되었다.

● 정답 p. 370

1. st 서다, 세우다 ❶

state는 과거 '서다, 세우다'라는 뜻을 지고 있던 st에서 확장된 단어로 동일한 뜻을 지니고 있었다. 현대영어로 넘어온 state는 똑바로 서서 거짓 없이 말을 한다고 해서 '진술하다, 말하다'라는 뜻의 동사와 사물이나 사람이 세워져 있는 모양이나 형편을 의미하는 '상태'라는 뜻의 명사로 쓰이게 되었다. 또 세워지게 된 '나라'나 '정부' 그리고 연방국가의 행정구역 중 하나인 '주' 등의 다양한 뜻이 있기도 하다.

state [steit] v. 진술하다. 말하다 n. 상태, 나라, 주, 정부
→ **statement** [stéitmənt] n. 성명, 진술, 명세서
→ **station** [stéiʃən] n. 역, 사업소 v. 배치하다
→ **stationery** [stéiʃənèri] n. 문구(류)
→ **status** [stéitəs] n. 지위, (진행) 상황
→ **statue** [stǽtʃuː] n. 동상

state에서 파생된 statist는 현재 쓰이지 않는 단어로 과거에는 나라를 세우고 다스리는 정치인이나 국가를 통치하던 사람들을 가리키던 단어이다. 이 statist에서 파생된 statistics는 국가를 통치하기 위해 국민의 수나 세금이 얼마인지를 계산하는 것을 의미하여 현재 '통계(자료)'라는 뜻으로 사용하게 되었다.

statistics [stətístiks] n. 통계(자료), 통계학
→ **statistician** [stætistíʃən] n. 통계학자
→ **statistical** [stətístikəl] a. 통계(학)의
→ **statistically** [stətístikəli] ad. 통계적으로

install은 st에서 파생된 단어로 안(in)에 필요한 것을 세운다고(st) 하여 '설치하다'라는 뜻이 된 단어다.

---

install [instɔ́ːl] *v.* 설치하다 → **installation** [instəléiʃən] *n.* 설치, 설비

More Words

stationery store 문구점
delivery status 배송 상황
order status 주문 상황
the Statue of Liberty 자유의 여신상
installation art 설치미술

- You are in a **state** of supreme delight.
  당신은 최고로 기쁜 **상태**에 있다.

- Our city has only one fire **station**, which is located downtown.
  우리 시는 중심가에 위치한 단 하나의 소방**서가** 있다.

- It helps to conceal the financial **status** of a child's parents.
  그것은 아이의 부모의 경제적 **지위**를 감추는 것을 돕는다.

- The smart escalators were the most expensive **installation**.
  가장 값비싼 **설비**는 스마트 에스컬레이터였다.

2. st[stit, stitute] 서다, 세우다 ❷

stable은 st와 able(할 수 있는)이 합쳐진 단어로 오랫동안 서 있을 수 있는 것을 표현하여 '안정된'이라는 뜻이 된 단어이다.

stable [stéibl] *a.* 안정된
- → **stably** [stéibli] *ad.* 안정되게
- → **unstable** [ʌnstéibl] *a.* 불안정한
- → **unstably** [ʌnstéibli] *ad.* 불안정하게
- → **stability** [stəbíləti] *n.* 안정성
- → **stabilize** [stéibəlàiz] *v.* 안정화하다
- → **stabilization** [stèibəlizéiʃən] *n.* 안정화

superstition은 자신의 힘으로 할 수 없는 것을 위(super)에 동상을 세워서(stit) 이루어지기를 바란다고 하여 명사(ion)로 '미신'이 되었다.

superstition [sù:pərstíʃən] *n.* 미신
- → **superstitious** [sù:pərstíʃəs] *a.* 미신적인, 미신을 믿는

stit에서 확장된 stitute도 '서다, 세우다'라는 뜻으로 사용되었던 단어이다. 이 단어에 con(함께)이 붙어서 생긴 constitute는 함께 세우기에 '구성하다'라는 뜻과 사람들의 의견을 함께 세워 법으로 정하는 '법을 제정하다'라는 뜻이 생긴 것이다.

constitute [kánstətjù:t] *v.* 구성하다, 법을 제정하다
- → **constitution** [kànstətjú:ʃən] *n.* 헌법

앞에 in이 붙어서 생긴 institute는 교육을 위해 안에 세워진 '협회'나 '연구소'를 의미하게 되었다.

> **institute** [ínstətjùːt] *n.* (교육 관련) 협회, 연구소
> → **institution** [ìnstətjúːʃən] *n.* (공공, 자선) 기관

substitute는 높은 사람이 바쁠 때 밑(sub)에 있는 사람을 자신을 대신해서 세워(stitute) 놓는다고 하여 '대신하다'라는 뜻이 되었다.

> **substitute** [sʌ́bstətjùːt] *v.* 대신[대체]하다 *n.* 대체할 사람[것]
> → **substitution** [sʌ̀bstətjúːʃən] *n.* 대체

 수능 잡는 예문

- Be careful! That monitor on the table is not very **stable**.
  조심해! 탁자 위의 모니터는 매우 **안정적**이지 못해.

- Some people claim that the whaling industry **constitutes** an important part of the economy.
  어떤 이들은 포경 산업이 경제의 중요한 부분을 **구성한다**고 주장한다.

- The new craft's basic design emerged from computer models built with help from the Swiss Federal **Institute** of Technology in Lausanne.
  새로운 비행기의 기본 설계는 로잔에 있는 스위스 연방 기술 **협회**의 도움을 얻어 만들어진 컴퓨터 모델에서 나왔다.

- According to ancient **superstitions**, moles reveal a person's character.
  고대 **미신**에 따르면, 점은 개인의 성격을 나타낸다.

● 앞에서 학습한 워드맵을 참고하여 다음 영어 단어의 우리말 뜻을 적어보세요.

state _____ → statement _____

→ station _____

→ stationery _____

→ status _____

→ statue _____

★ stationery store _____

delivery status _____

order status _____

the Statue of Liberty _____

statistics _____ → statistician _____

→ statistical _____

→ statistically _____

install _____ → installation _____

★ installation art _____

stable _____ → stably _____

→ unstable _____

→ unstably _____

→ stability _____

→ stabilize _____

→ stabilization _____

superstition _____ → superstitious _____

constitute _____ → constitution _____

institute _____ → institution _____

substitute _____ → substitution _____

● 빈칸에 알맞은 단어를 넣어보세요.

01 You are in a _____ of supreme delight.

당신은 최고로 기쁜 **상태**에 있다.

02 Our city has only one fire _____, which is located downtown.

우리 시는 중심가에 위치한 단 하나의 소방**서**가 있다.

03 It helps to conceal the financial _____ of a child's parents.

그것은 아이의 부모의 경제적 **지위**를 감추는 것을 돕는다.

04 The smart escalators were the most expensive _____.

가장 값비싼 **설비**는 스마트 에스컬레이터였다.

05 Be careful! That monitor on the table is not very _____.

조심해! 테이블 위의 모니터는 매우 **안정적**이지 못해.

06 Some people claim that the whaling industry _____ an important part of the economy.

어떤 이들은 포경 산업이 경제의 중요한 부분을 **구성한다**고 주장한다.

07 The new craft's basic design emerged from computer models built with help from the Swiss Federal _____ of Technology in Lausanne.

새로운 비행기의 기본 설계는 로잔에 있는 스위스 연방 기술 **협회**의 도움을 얻어 만들어진 컴퓨터 모델에서 나왔다.

08 According to ancient _____, moles reveal a person's character.

고대 **미신**에 따르면, 점은 개인의 성격을 나타낸다.

● 정답 p. 370

3. st 서다, 세우다 ❸

distance는 멀리(di) 서(st) 있는 것을 의미하여 '거리'라는 뜻이 된 단어이고, 이렇게 거리가 떨어져 있는 것을 형용사로 표현한 것이 distant(거리가 먼)이다.

> **distance** [dístəns] *n.* 거리
> → **distant** [dístənt] *a.* 거리가 먼
> → **distantly** [dístəntli] *ad.* 멀리

instance는 법정 안(in)에서 본보기가 될 만한 것을 세워(st) 사람들에게 보여준다고 하여 '예'나 '사례'라는 뜻으로 쓰이게 되었다.

> **instance** [ínstəns] *n.* 예, 사례
> → **instant** [ínstənt] *a.* 즉각적인
> → **instantly** [ínstəntli] *ad.* 즉각, 즉시

constant는 함께(con) 떨어지지 않고 영원히 같이 서(st) 있는 것을 형용사(ant)로 표현하여 '끊임없는'이라는 뜻이 된 단어이다.

> **constant** [kánstənt] *a.* 끊임없는
> → **constantly** [kánstəntli] *ad.* 끊임없이, 계속적으로

'원'이나 '주위'라는 뜻을 지니고 있는 circum과 합쳐진 circumstance는 자신의 주위(circum)에 세워지고(st) 놓이게 된 '상황'이나 '환경'을 의미한다.

> **circumstance** [sə́ːrkəmstæns] *n.* 상황, 환경

substance는 바로 밑(sub)에 실제로 세워져(st) 있는 것을 의미하여 '실체'라는 뜻이 되었고, 그 후 실제로 있는 '물질'을 뜻하게 되었다.

---

substance [sʌ́bstəns] *n.* 실체, 물질

흔히 꾸준히 사랑받는 책을 스테디셀러라고 하는 것처럼 이때의 영단어인 steady는 어떠한 상황에도 흔들리지 않고 서(st) 있는 것을 표현하여 '꾸준한, 안정된'이라는 뜻으로 쓰인다.

---

steady [stédi] *a.* 꾸준한, 안정된 *v.* 고정시키다

→ **steadily** [stédili] *ad.* 꾸준히

More Words

in the distance 멀리서

for instance 예를 들어

the instant ~하자마자

 수능 잡는 예문

- Next day, Fredrick watched regretfully as Marshall's sled disappeared slowly **in the distance**.

  다음 날 프레드릭은 마샬의 썰매가 **멀리서** 천천히 사라지는 것을 후회스럽게 바라보았다.

- They are a costly public health problem and a **constant** irritation to urban life.

  그것은 비용이 많이 드는 공중 보건 문제이고 도시민의 생활에 있어 **끊임없는** 골칫거리이다.

- Under the **circumstances**, he will become clingy, or disobedient, or both.

  그러한 **환경**에서 그는 들러붙거나 순종하지 않게 되거나 아니면 둘 다가 될 것이다.

- Since the mid-1990s, teaching Korean to foreigners has made slow but **steady** progress.

  1990년대 중반부터 외국인에 대한 한국어 교습은 느리지만 **꾸준한** 진척을 이루어 왔다.

4. sist 서다

sist도 '서다, 세우다'의 뜻이 있던 st에서 확장된 단어이다. 이 sist 역시 현대영어에서는 쓰이지 않지만 많은 단어들이 여기서 파생되었다. 먼저 consist는 함께 세우기에 '구성되다(of)'라는 뜻이고, 이 뜻이 확장되어 세워져 존재하고 있는 '~에 있다(in)'라는 뜻도 나오게 되었다. consist는 그 후 함께 똑같이 세워져 있다고 하여 '일치하다(with)'라는 뜻도 나오게 되었다.

consist [kənsíst] *v.* 구성되다(of), 있다(in), 일치하다(with)
- → **consistency** [kənsístənsi] *n.* 일관성
- → **consistent** [kənsístənt] *a.* 일관된, 변함없는
- → **consistently** [kənsístəntli] *ad.* 시종일관되게, 끊임없이
- → **inconsistency** [inkənsístənsi] *n.* 모순
- → **inconsistent** [inkənsístənt] *a.* 모순되는
- → **inconsistently** [inkənsístəntli] *ad.* 모순되게

'안'을 의미하는 in과 결합하여 생긴 insist는 자신 안(in)에 있는 생각을 고치지 않고 굳게 세운다고(sist) 하여 '고집하다'라는 뜻과 이렇게 고집스럽게 자신의 의견을 말하는 '주장하다'라는 뜻이 되었다.

insist [insíst] *v.* 고집하다, 주장하다(on)
- → **insistence** [insístəns] *n.* 고집, 주장
- → **insistent** [insístənt] *a.* 고집[주장]하는
- → **insistently** [insístəntli] *ad.* 고집스럽게

persist는 떨어지지 않고 완전히(per) 세워져(sist) 있다는 뜻을 통해 어떠한 일을 끝날 때까지 멈추지 않고 하는 '집요하게 ~하다, 지속하다'라는 뜻이 되었다.

persist [pərsíst] *v.* 집요하게 ~하다, 지속하다
→ **persistence** [pərsístəns] *n.* 지속, 끈기
→ **persistent** [pərsístənt] *a.* 계속[지속]되는
→ **persistently** [pərsístəntli] *ad.* 지속적으로

exist는 실제로 밖(ex)에 서 있는 누군가를 표현하여 '존재하다'라는 뜻이 된 것이다.

exist [igzíst] *v.* 존재하다
→ **existence** [igzístəns] *n.* 존재
→ **existent** [igzístənt] *a.* 존재하는
→ **coexist** [kòuigzíst] *v.* 공존하다

resist는 어려움 속에서도 다시 선다고 하여 '저항하다'를 뜻하게 되었다.

resist [rizíst] *v.* 저항하다
→ **resistance** [rizístəns] *n.* 저항(력)
→ **resistant** [rizístənt] *a.* 저항하는, 저항력을 지니는

마지막으로 assist는 옆에 서 있는 것을 의미하여 '도와주다, 보조하다'라는 뜻으로 쓰인다.

assist [əsíst] *v.* 도와주다, 보조하다
→ **assistance** [əsístəns] *n.* 도움, 보조
→ **assistant** [əsístənt] *n.* 조수 *a.* 보조의, 부(副)의

- Many witnesses **insisted** that the accident took place on the crosswalk.

  많은 목격자들이 그 사고가 횡단보도에서 일어났다고 **주장했다**.

- They adopted a curriculum **consisting of** running, climbing, swimming and flying.

  그들은 육상, 등반, 수영, 비행으로 **구성되어** 있는 교과과정을 채택했다.

- Activities like these also enhance the value of hard work and **persistence**.

  이와 같은 활동들은 또한 열심히 일하는 것과 **끈기**의 가치를 높여준다.

- There are other diseases that our bodies cannot successfully **resist** on their own.

  우리 몸이 스스로 성공적으로 **저항할** 수 없는 다른 질병들이 있다.

- I have been asked to **assist** in creating a committee to improve the Sunshine Charity.

  나는 선샤인 자선단체의 발전을 위한 위원회를 만드는 것을 **도와달라는** 부탁을 받았다.

● 앞에서 학습한 워드맵을 참고하여 다음 영어 단어의 우리말 뜻을 적어보세요.

distance _____ → distant _____

→ distantly _____

★ in the distance _____

instance _____ → instant _____

→ instantly _____

★ for instance _____

the instant _____

constant _____ → constantly _____

circumstance _____

substance _____

steady _____ → steadily _____

consist _____ → consistency _____

→ consistent _____

→ consistently _____

→ inconsistency _____

→ inconsistent _____

→ inconsistently _____

insist _____ → insistence _____

→ insistent _____

→ insistently _____

persist _____ → persistence _____

→ persistent _____

→ persistently _____

exist _____ → existence _____

→ existent _____

→ coexist _____

resist _____ → resistance _____

→ resistant _____

assist _____ → assistance _____

→ assistant _____

Review Test 2

● 빈칸에 알맞은 단어를 넣어보세요.

01 Next day, Fredrick watched regretfully as Marshall's sled disappeared slowly _____ _____ _____.

다음 날 프레드릭은 마샬의 썰매가 **멀리서** 천천히 사라지는 것을 후회스럽게 바라보았다.

02 They are a costly public health problem and a _____ irritation to urban life.

그것은 비용이 많이 드는 공중 보건 문제이고 도시민의 생활에 있어 **끊임없는** 골칫거리이다.

03 Under the _____, he will become clingy, or disobedient, or both.

그러한 **환경**에서 그는 들러붙거나 순종하지 않게 되거나 아니면 둘 다가 될 것이다.

04 Since the mid-1990s, teaching Korean to foreigners has made slow but _____ progress.

1990년대 중반부터 외국인에 대한 한국어 교습은 느리지만 **꾸준한** 진척을 이루어 왔다.

05 Many witnesses _____ that the accident took place on the crosswalk.

많은 목격자들이 그 사고가 횡단보도에서 일어났다고 **주장했다**.

06 They adopted a curriculum _____ _____ running, climbing, swimming and flying.

그들은 육상, 등반, 수영, 비행으로 **구성되어 있는** 교과과정을 채택했다.

07 Activities like these also enhance the value of hard work and _____.

이와 같은 활동들은 또한 열심히 일하는 것과 **끈기**의 가치를 높여준다.

08 There are other diseases that our bodies cannot successfully _____ on their own.

우리 몸이 스스로 성공적으로 **저항할** 수 없는 다른 질병들이 있다.

09 I have been asked to _____ in creating a committee to improve the Sunshine Charity.

나는 선샤인 자선단체의 발전을 위한 위원회를 만드는 것을 **도와달라는** 부탁을 받았다.

● 정답 p. 370

Unit **01**

01 collects
02 collection
03 collective
04 recollect
05 selected
06 selection
07 selective
08 elected
09 election
10 elective

Unit **02**

01 directed
02 directed
03 direction
04 director
05 Correct
06 correction
07 erect

Unit **03**

01 acting
02 action
03 active
04 actress
05 interact
06 reacted
07 transact

Unit **04**

01 attracted, attention
02 were attracted
03 tourist attractions
04 were distracted
05 distraction
06 add, subtract

Unit **05**

01 injected
02 injection
03 ejected
04 rejected
05 project
06 projected

Unit **06**

01 dictionary
02 Dictation
03 dictatorship
04 addicted
05 addiction
06 predict
07 contradict

Unit **07**

01 conducted
02 introduced
03 introductions
04 reduce
05 fever reducer
06 deduced

Unit **08**

01 intervention
02 prevent
03 invented
04 event
05 Eventually
06 adventure

Unit **09**

01 motion
02 motive
03 motivated
04 emotions
05 promoted
06 locomotive

Unit **10**

01 deceived
02 concepts
03 preconceived
04 misconceptions
05 perceive
06 received
07 receptive

Unit **11**

01 visited
02 revised
03 supervise
04 supervisor
05 divided
06 provided
07 provision

Unit **12**

01 miss out on
02 mission
03 emissions
04 omitted
05 intermission
06 transmission
07 submit
08 permitted

Unit **13**

01 tends
02 tender
03 tense
04 intense
05 extend
06 Extensive

07 extent
08 pretend

Unit 14
01 press
02 pressure
03 compressed
04 depressed
05 Depression
06 suppressed

Unit 15
01 aggression
02 aggressive
03 Congress
04 progress
05 progressive
06 regressed

Unit 16
01 lectures
02 neglect
03 intellectual, intellectually
04 electricity
05 electronic, electrical
06 electronics

Unit 17
01 direct
02 directly
03 indirectly
04 correct
05 correctly
06 incorrect
07 rectangle

Unit 18
01 act out
02 activate
03 activity
04 actual
05 Actually

06 exact

Unit 19
01 contract
02 signed, contract
03 contractual
04 extract
05 extracted
06 abstract

Unit 20
01 objects
02 objects
03 objective
04 subject
05 subjects
06 subjected to
07 subject to

Unit 21
01 indicate
02 dedicated
03 dedicated to
04 medication
05 medical
06 medicine

Unit 22
01 produced
02 product
03 productive
04 reproduces
05 educate
06 education
07 educational

Unit 23
01 Convention
02 conventional
03 unconventionally
04 convenient
05 convenience
06 souvenirs

Unit 24
01 move
02 movement
03 immovable
04 removes
05 remote
06 automobile

Unit 25
01 accepted
02 acceptable
03 except for
04 exceptions
05 capture, attention
06 captivated
07 are capable of

Unit 26
01 visual
02 visualized
03 individual
04 visible
05 advised
06 devices
07 evidence

Unit 27
01 commitment
02 commit
03 commission
04 admit
05 Summit
06 summary

Unit 28
01 attend
02 flight attendant
03 attention
04 attentive
05 intends
06 intentionally
07 contend

Unit **41**

01 concluded
02 conclusion
03 exclude
04 includes
05 close
06 closely
07 enclosed
08 disclose

Unit **42**

01 depends
02 dependent on
03 suspended
04 impending
05 expenses
06 expensive
07 expenditures
08 compensate

Unit **43**

01 exceed
02 process
03 succeeded
04 access
05 recession
06 unprecedented
07 necessary
08 unnecessary

Unit **44**

01 converted
02 conversed
03 controversial
04 averse
05 advertisements
06 diverse
07 anniversary

Unit **45**

01 positions
02 positive
03 proposed
04 Suppose
05 composed
06 composition
07 Expose
08 purpose

Unit **46**

01 contain
02 maintain
03 entertain
04 obtain
05 ordered
06 in order to
07 ordinary
08 extraordinary

Unit **47**

01 tribal
02 contributes
03 distributed
04 attributes
05 special
06 especially
07 specialized
08 Specific
09 species

Unit **48**

01 respect
02 respectable
03 disrespectful
04 expected
05 suspected
06 prospects
07 aspect
08 Despite

Unit **49**

01 portable
02 exports
03 importance
04 transport
05 report
06 portion

Unit **50**

01 differ
02 differs
03 different
04 indifference
05 prefer
06 refers
07 suffered
08 offer
09 fertile

Unit **51**

01 genes
02 generation
03 generalized
04 generous
05 genuine
06 bears
07 unbearable
08 birth
09 born

Unit **52**

01 inspire
02 expire
03 spirit
04 careless
05 curious
06 accurate
07 security

Unit **53**

01 prepare
02 separate
03 repairs
04 appears
05 appearances
06 disappear
07 Compared

Unit 54

01 preserved
02 reserve
03 observed
04 acquire
05 inquired
06 requires
07 conquer
08 questions

Unit 55

01 form
02 formation
03 formal
04 transform
05 conform
06 perform
07 performances

Unit 56

01 common
02 community
03 communication
04 immune
05 social
06 socially
07 society
08 associate

Unit 57

01 influenced
02 influential
03 flu
04 flushed
05 floating
06 current
07 currency
08 occurred
09 cursor

Unit 58

01 sign
02 significant
03 insignificant
04 assigned
05 designed
06 used
07 useless
08 usual
09 usually
10 abuse

Unit 59

01 parts
02 partly, partly
03 particle
04 particular
05 participate
06 apartment
07 compartment
08 department store

Unit 60-1

01 state
02 station
03 status
04 installation
05 stable
06 constitutes
07 Institute
08 superstitions

Unit 60-2

01 in the distance
02 constant
03 circumstances
04 steady
05 insisted
06 consisting of
07 persistence
08 resist
09 assist

Index